CAMPAGNE DE 1813-1814

JOURNAL DE MARCHE
D'UN GARDE D'HONNEUR

STANISLAS GIRARD

DE NOGENT-EN-BASSIGNY (HAUTE-MARNE)

RECUEILLI ET MIS EN ORDRE
AVEC CARTE-ITINÉRAIRE

PAR

ARTHUR DAGUIN
Médaille de 1870,
Officier et Chevalier d'Ordres Français et Étrangers,
Président, Membre d'honneur et Lauréat de nombreuses Académies
et Sociétés Savantes
Rédacteur en Chef de la *Revue des Justices de Paix*,
Juge de Paix, hors classe, du Canton de Clichy

PARIS
IMPRIMERIE PAUL DUPONT
4, Rue du Bouloi, 4

1920

à la Bibliothèque Nationale
Hommage de l'auteur-éditeur
Dorgueil

JOURNAL DE MARCHE

D'UN GARDE D'HONNEUR

STANISLAS GIRARD

Quelques Ouvrages de M. Daguin sur la Haute-Marne

Notes historiques sur Nogent (Haute-Marne). — Nogent, 1876, in-8°. Plusieurs éditions.

Les Prussiens à Nogent en 1870 ; bombardements, pillages, incendies. Nogent, 1877 ; in-8°. Deux éditions.

Les Evêques de Langres ; étude épigraphique, sigillographique et héraldique. Langres, 1880-1884 ; in-4°. Médaille de vermeil.

L'Imprimerie et la Librairie dans la Haute-Marne depuis le XVe siècle. Langres, 1883 ; in-8°.

Journal de Nicolas Parisot, curé de Dinteville, XVIIIe siècle. Arcis, 1884 ; in-8°.

Flore de la Haute-Marne. Saint-Dizier, 1885 ; in-8°. Médaille d'argent.

Le Département de la Haute-Marne ; géographie. Chaumont, 1888, in-12°.

Les Poissons de la Haute-Marne. Chaumont, 1892, in-16°. Médaille d'argent.

Dictons, proverbes et sobriquets de la Haute-Marne. Paris, 1893 ; in-8°. Deux éditions.

Le Lycée de Chaumont (Haute-Marne). Chaumont, 1894 ; in-12°. Prix du Ministre de l'Instruction publique.

Armorial des villes et corporations de la Haute-Marne. Chaumont, 1897 ; in-4°.

Les Insectes comestibles dans l'antiquité et de nos jours. Paris, 1900 ; in-8°. Médaille d'or.

CAMPAGNE DE 1813-1814

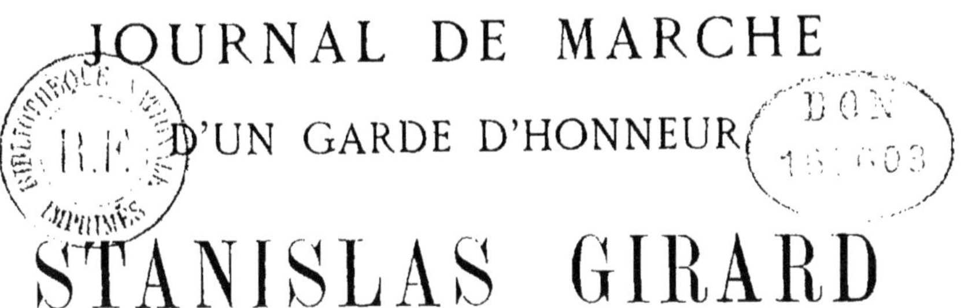

JOURNAL DE MARCHE D'UN GARDE D'HONNEUR

STANISLAS GIRARD

DE NOGENT-EN-BASSIGNY (HAUTE-MARNE)

RECUEILLI ET MIS EN ORDRE

AVEC CARTE-ITINÉRAIRE

PAR

ARTHUR DAGUIN

Médaillé de 1870,
Officier et Chevalier d'Ordres Français et Étrangers,
Président, Membre d'honneur et Lauréat de nombreuses Académies
et Sociétés Savantes
Rédacteur en Chef de la *Revue des Justices de Paix*,
Juge de Paix, hors classe, du Canton de Clichy

PARIS
IMPRIMERIE PAUL DUPONT
4, Rue du Bouloi, 4

1920

PRÉFACE

Dès notre prime adolescence, imbu de l'amour du pays natal, nous nous sommes adonné à l'étude du sol, *de* l'histoire, *de* l'habitant du canton de Nogent-en-Bassigny. *Cinquante années se sont succédé depuis lors, dont tous les instants de liberté ont été consacrés à cataloguer les animaux, les plantes, les formations géologiques du pays, à rechercher les vestiges que les siècles passés ont laissés sur ou dans le sol, à décrire les monuments actuellement debout, à fouiller les archives et les bibliothèques publiques ou privées, à noter les caractères ethniques, les mœurs, les usages, le langage, etc., de l'habitant. La masse des documents que nous avons ainsi réunis forme quelque trente volumes manuscrits, dont diverses parties ont été publiées, soit par nous, soit par des tiers qui souvent se sont dispensés de citer la source exploitée.*

L'un des chapitres de la période historique correspondant à Napoléon Ier dans notre œuvre, est constitué par le Journal de Marche de Stanislas Girard, de Nogent-en-Bassigny. *L'un des petits-fils de l'auteur du Journal, nous a témoigné le désir de voir publier ce document de famille et nous a prié d'y joindre une* Préface *faisant connaître pourquoi et comment le Journal a été rédigé. C'est de grand cœur, avons-nous besoin de le dire, que nous accédons à cet acte de révérencieuse déférence d'un petit-fils envers son aïeul; et à ce petit-fils, notre cousin et ami, nous dédions notre humble travail.*

STANISLAS GIRARD, *était né à Nogent-en-Bassigny (Haute-Marne), le 4 septembre 1790, quatrième fils de Bon-Pierre Girard, l'un des premiers commerçants de cette petite ville, membre du Conseil municipal, premier suppléant du juge de paix et descendant d'une ancienne famille du pays qui jusqu'à la Révolution avait tenu les premiers emplois de la prévôté de Nogent et s'était alliée à toutes les familles notables de la région.*

Comme ses frères aînés, Stanislas Girard avait franchi sans encombre le cap redoutable et redouté de la conscription; il se croyait ainsi libéré complètement de tout service militaire auquel ses goûts, tout au négoce, étaient loin de le prédisposer, quand, de par le sénatus-consulte du 3 avril 1813, un « il faut partir » *vint résonner douloureusement à ses oreilles.*

Ce sénatus-consulte, comme on le sait, décrétait une nouvelle levée de 180.000 hommes, dont 10.000 hommes de gardes d'honneur à cheval, 80.000 hommes pris sur le premier ban de la garde nationale, c'est-à-dire parmi les hommes appartenant aux conscriptions de 1807 à 1812, et 90.000 hommes de la conscription de 1814.

Ainsi Girard, conscrit réformé de 1809, — il avait tiré le n° 21 à Chaumont, le 21 janvier 1809 — était sous le coup d'un appel, sinon comme garde d'honneur, au moins comme soldat de la classe 1809. Le 11 avril, Girard, poussé peut-être moins par une urgence commerciale que par la secrète espérance que son absence le ferait oublier, entreprit un voyage à Lyon et à Genève. Mais l'autorité militaire a toujours bonne mémoire. A peine Girard s'était-il installé à Lyon qu'il recevait de son père une lettre en date du 9 mai, l'avertissant qu'il a été désigné pour l'armée et que de plus son frère Julien est porté lui-même sur les rôles, Julien dont le mariage devait avoir lieu le mois suivant!

Girard reprit de suite le chemin de la Haute-Marne.

Aussitôt rentré à Nogent, il se rendit à Chaumont où, le 25 mai, grâce à l'un des principaux employés de la Préfecture, son parent, il put faire substituer son nom à celui de son frère inscrit parmi les quelques privilégiés de la Haute-Marne désignés pour faire partie des Gardes d'honneur : le décret d'organisation du 5 avril avait, en effet, fixé à un minimum de 26 et un maximum de 53 le nombre des gardes que le département de la Haute-Marne devait fournir au deuxième *régiment de ce corps* (1).

Les régiments des gardes d'honneur étaient au nombre de quatre. Le premier avait Versailles pour lieu de réunion; le second Metz; le troisième Tours; le quatrième Lyon. Chaque régiment était composé d'un état-major et de dix escadrons à deux compagnies chacun. La solde était élevée; celle des officiers variait annuellement de 2.400 francs (lieutenant en second) à 9.600 francs (colonel); et celle de la troupe s'élevait par jour depuis 1 fr. 25 (garde d'honneur) jusqu'à 2 fr. 77 7/9 (maréchal des logis chef).

Le revers de la médaille était que l'entrée au corps imposait aux familles une forte dépense : les gardes d'honneur devaient s'habiller, s'équiper et se monter à leurs frais (2). *Mais le décret d'organisation avait prévu le cas; n'étaient admis dans les gardes que les fils, soit de fonctionnaires, soit de familles, nobles ou bourgeoises, mais riches.*

Deux voies étaient ouvertes pour le recrutement des

(1) Au cours de son journal, Girard donne les noms suivants des Hauts-Marnais gardes d'honneur : *Baudel* et *Laumont*, de Bourmont; *Ravier*, de Saint-Thiébault; *Hennequin*, de Levécourt; *Henriot* et *Dupont*, d'Huillécourt; *Thoulouze*, de Bassoncourt; *Groslevin*, de Donnemarie; *Petitot*, de Giey-sur-Aujon; *Clerget*, de Villars-Montroyer; *Girard* et *Gény*, des environs de Joinville; *Simonnin*, de Montiérender; *Garnier* et *Vernier*, de .....; *Gouvenot*, *Guignard* et *Rosotte*, de Chaumont; *De Richemond*, *Dubreuil*, *Lécollier*, *Marivet*, *Milliard* et l'*auteur* du journal, de Nogent.

(2) Le *Journal* de Stanislas Girard nous apprend que c'était une dépense d'au moins seize cents francs (1.600 fr.).

gardes : la désignation d'office par les préfets; l'enrôlement volontaire. Pour provoquer les enrôlements et, d'autre part, pour faire admettre sans trop de protestation ce service militaire imposé contre tout droit à des gens que le sort, un cas de réforme ou un remplacement à prix d'or avait régulièrement libérés, il avait été décrété qu'après la campagne les gardes d'honneur qui se seraient le plus distingués formeraient le noyau des quatre compagnies de gardes du corps en projet, et que, dans tous les cas, après douze mois de service, les gardes d'honneur auraient le grade de sous-lieutenant.

Pour bien marquer que les nouveaux régiments étaient des corps d'élite, leurs majors furent pris parmi les colonels de l'armée, et leurs colonels parmi les généraux de division et de brigade. Le choix, pour ces derniers, porta sur des hommes de premier ordre : le comte de Sully, général de division; le baron Lepic, général des grenadiers à cheval; le comte Philippe de Ségur, général de brigade; le comte de Saint-Sulpice, général de cuirassiers.

L'uniforme des gardes d'honneur, d'ailleurs, était brillant; peut-être est-ce sur lui plus encore que sur les privilèges promis que Napoléon compta pour attirer les jeunes gens. « Les quatre régiments — dit le décret d'organisation — seront habillés, équipés et armés à la hussarde. Les chevaux seront de la taille des chevaux de hussards. L'uniforme des quatre régiments sera le même :

« La pelisse sera vert foncé, doublée de flanelle blanche; bordure des bords et du collet, boudin et tour des manches en peau noire; gants olive et tresses blanches.

« Le fond du dolman sera vert foncé, doublé de toile à la partie supérieure, et de peau rouge à la partie inférieure, avec collet et parements écarlates; tresses du collet, des fausses poches et des parements de la même couleur que celle de la pelisse.

« *La culotte hongroise sera en drap rouge avec tresses blanches.*

« *Les boutons seront blancs.*

« *La ceinture sera fond cramoisi avec garnitures blanches.*

« *Le schako rouge.* »

Le préfet de chaque département devait, du 20 avril au 1er mai, désigner ceux qui étaient aptes à faire partie des gardes d'honneur. Mais on appelait d'abord les gardes formant les deux premiers escadrons de chaque régiment; puis, quand ces deux escadrons étaient au complet, on procédait à l'organisation du troisième; et ainsi de suite.

Conformément à ce plan, un premier départ de trois Nogentais eut lieu le 20 juin 1813 : Marivet, Dubreuil, Millard. Un mois plus tard, le 13 juillet, Girard reçut enfin son ordre de départ. Suivant cet ordre, il se rendit, le 15, au chef-lieu du département, en compagnie d'un autre Nogentais, Lécollier, désigné comme lui pour les gardes.

Jusqu'au 22, séjour à Chaumont pour recevoir habillement, équipement, monture du fournisseur attitré de l'armée et — chose non moins importante — pour prendre quelques leçons d'équitation.

Le 22 juillet, départ de Chaumont avec quatorze gardes, la plupart des environs de Nogent. Le détachement se rendait à Metz où Girard fut incorporé dans la septième compagnie. De là, il alla à Thionville. A partir de ce moment commença réellement pour lui la campagne : c'était le 26 août 1813.

Son régiment se dirigea rapidement sur l'armée; il passa par Mayence, Francfort, Hanau, Fulda, Eisenach, Gotha, etc. (1), *et arriva à Leipzig juste à temps pour*

---

(1) Girard a noté les noms des lieux d'étapes en Allemagne tels qu'il les entendait prononcer; aussi ces noms ne revêtent-ils pas toujours l'orthographe allemande : ainsi, il écrit *Gelhausen* pour *Gelnhausen; Slugteren* pour *Schlüchtern; Vacht* pour

prendre part à la fameuse bataille. Puis, il rétrograda avec l'armée, rentra sur le territoire français, le 4 novembre, par Mayence; après plusieurs arrêts et séjours à Landau, Wissembourg, Wœrth, Bitche, Châlons, etc., il se rapprocha de Paris et, enfin, après un recul jusqu'au delà de Tours, vint se reconstituer à Rambouillet.

C'est à Rambouillet que Girard se trouvait encore à la chute de Napoléon et à l'avènement de Louis XVIII; c'est là aussi que le 26 mai, comme la plupart de ses camarades, il reçut son congé définitif avec la Décoration de la fleur de lys.

Pendant tout le cours de son service militaire, Girard, à chaque étape, notait sur un petit carnet ce qui s'était passé sous ses yeux dans la journée. Ce carnet, il réussit à le conserver intact, malgré les marches et contre-marches, les surprises de l'ennemi, les mille incidents de la retraite, malgré la perte plusieurs fois répétée de son porte-manteau et même de sa pelisse.

Indépendamment de ces notes au jour le jour, Girard écrivait, aussi souvent que possible, à son père de longues lettres dans lesquelles il racontait par le menu ses pérégrinations, les villes qu'il traversait, et leurs monuments, les combats auxquels il prenait part, les épisodes ou événements dignes de remarque.

Ce journal et ces lettres qui se complètent l'un l'autre nous sont parvenus, religieusemnt conservés qu'ils ont été dans la famille de Girard, la nôtre. Ce sont ces doubles notes que nous publions en les fondant en un tout par de simples coupures, sans aucune interpolation étrangère.

Ces notes, nous le reconnaissons, ne sont pas d'un style ni d'une orthographe irréprochables. On ne saurait en faire

---

Vacha; Neubourg pour *Naumbourg; Haslo* pour *Hassloch*, etc. Toutes les fois que nous le pourrons, nous donnerons entre parenthèses le nom exact à la suite du nom tronqué.

un grief à leur auteur : son instruction se ressentait de l'époque tourmentée pendant laquelle s'était écoulée son enfance; mais son esprit sérieux, réfléchi, avide de connaître et de s'instruire avait suppléé de lui-même au peu qu'avait pu enseigner l'humble maître d'école de Nogent.

On ne trouvera pas, certes, dans le journal de Girard des documents importants sur cette malheureuse campagne de 1813. Simple soldat dans un corps de cavalerie qui servait d'éclaireurs, Girard ne connaissait que ce qui se passait dans son entourage, sa compagnie ou son escadron, rarement son régiment lequel était fréquemment dispersé. Il ignore le plus souvent la marche générale de l'armée, le résultat des batailles et même des combats auxquels il assiste en comparse.

L'intérêt qu'offrent les notes de Girard est d'ordre plus spécial, tout personnel. Mais au point de vue général, elles ont ce mérite de soulever un coin du voile qui nous cachait l'organisation, la vie intime des armées de Napoléon Ier; elles nous montrent que, contrairement à la légende, le soldat n'avait aucun entrain; elles nous montrent que, contrairement à la légende, Napoléon, tout à ses vues générales, ne se préoccupait nullement des détails; elles nous montrent que la discipline était un mythe; elles nous montrent enfin que régnait en maître le désordre, lèpre dissolvante qui à elle seule suffisait pour atteindre l'organisme dans ses œuvres vives et devait faire présager la défaite.

CAMPAGNE DE 1813-1814

JOURNAL DE MARCHE
D'UN GARDE D'HONNEUR
STANISLAS GIRARD
DE NOGENT-EN-BASSIGNY (HAUTE-MARNE)

Le 15 juillet 1813, je quittai la maison paternelle pour aller au chef-lieu du département de la Haute-Marne; je n'avais reçu l'ordre de départ que deux jours auparavant, mais je l'attendais depuis près de deux mois.

Le 25 mai, en rentrant de Genève et de Lyon j'étais allé à Chaumont avec mon frère Julien pour le faire rayer des listes des gardes d'honneur où il avait été inscrit en raison de mon absence. Depuis ce jour je ne m'occupais plus que de mon sort, sans plus songer à un autre établissement.

Un premier départ des gardes d'honneur avait eu lieu le 20 juin; Marivet, Dubreuil et Milliard en firent partie, je restai avec Lécollier pour le deuxième.

Après être resté quelques jours à Chaumont pour recevoir nos chevaux, nos habits et prendre quelques leçons d'équitation, nous partîmes, le 22 juillet, pour Metz, à 30 lieues de Chaumont, au nombre de quinze gardes d'honneur : Baudel, Laumont, Ravier, Henriot, Garnier, Gouvenot, Thoulouze, Groslevin, Geny, Derichemond, Petitot, Clerget, Lécollier et moi.

Combien j'ai été heureux, en passant à Mandres, d'y trouver tous mes parents et amis, puis de faire avec mon frère Frédéric la route jusqu'à Montigny et Lécourt où nous sommes allés voir ma tante !

Après que mon frère Frédéric m'eut quitté en me remettant quatre pièces d'or dont j'ai pensé avoir besoin, Groslevin, de Donnemarie, et moi nous sommes allés à Noyers où M. et Mme Causard, qui se préparaient à partir à la foire, nous ont très bien reçus et ont été satisfaits de notre visite. Au bout d'une heure, Thoulouze, de Bassoncourt, membre du détachement, est venu nous chercher et nous partîmes.

A Clefmont, nos chevaux se reposèrent pendant une heure. M. Chaudron nous attendait. Il m'emmena avec Lécollier pour déjeuner chez lui avec compagnie ; mais, sitôt entrés, M. Chaudron ne put retenir ses larmes. Pendant ce temps, M. Renard et d'autres invités mirent le couvert, car le temps pressait. Mais, comme je n'avais ni faim ni soif, mais le cœur gros, je fis triste figure à table. Enfin, il fallut monter à cheval et partir.

La pluie bientôt tomba et nous dûmes déployer nos manteaux ou capotes. A *Huillécourt*, Henriot, notre confrère, nous offrit chez lui un verre de vin que nous prîmes sans descendre de cheval ; il ne vint nous retrouver que le soir.

Nous sommes entrés à *Bourmont* par la pluie. Je fus logé chez M. Grisbras, marchand d'étoffes. J'ai dîné avec Lécollier et d'autres chez M. Laumont, père d'un de nos camarades ; le dîner a été superbe. Malgré que la pluie tombait très fort, M. Baudel, notre maréchal des logis, nous préparait un grand bal dont je me serais bien passé. Je ne pus prendre sur moi une seule contredanse ; j'y suis cependant resté jusqu'à la fin par complaisance. Une vingtaine de demoiselles avec leurs mères s'y étaient rendues, et tous les garçons du pays... au nombre de trois, y étaient. M. Ravier, de Saint-Thiébault, notre fourrier, et Hudelot, de Bourmont, étaient venus.

Le lendemain matin, départ. Nous trouvâmes à *Goncourt* un nouvel ami qui nous fit boire du fameux vin blanc. J'oubliais de dire que nous fûmes obligés de payer le bal de Bourmont ; il nous en a coûté six francs à chacun.

Nous sommes enfin arrivés à *Neufchâteau.* C'est une belle ville. J'y fus bien logé ; après avoir soigné nos chevaux, nous nous sommes réunis à quatre pour aller dîner à l'auberge ; M. Clerget, de Villars-Montroyer, était l'un de nous. Cela nous a coûté chacun 1 fr. 50 et autant pour le souper.

Le dimanche, vers onze heures, nous sommes arrivés à *Colombey* — Colombey-les-Belles-Femmes. — L'avant-garde avait commandé un beau dîner à 2 francs par tête ; il a fallu y passer. Pour la première fois, nous nous sommes trouvés réunis tous les quinze. Un de nous a demandé un *violonnaire*, qui nous a bientôt attiré toutes les belles filles du pays. Personne ne nous a troublés ; nous bûmes de la bière et la dépense s'est montée en tout à 12 francs, ce qui nous a fait 80 centimes chacun. Après souper, les demoiselles de bonnes maisons, jalouses du bonheur des autres, nous invitèrent dans une maison bourgeoise ; il ne nous en coûta rien. De cette manière, elles furent toutes contentes ; elles auraient bien voulu que nous eussions séjour.

De là, nous fûmes à *Toul*, où nous avons séjourné. La cathédrale de cette ville est très vaste et très grande, d'un genre gothique très beau et très délié ; les tours ressemblent à celles de Notre-Dame de Paris, elles ont 322 marches de sept pouces de hauteur. La ville est bien bâtie ; une grande partie des rues sont droites. Les casernes sont immenses et en grand nombre ; mais nous fûmes logés dans les maisons bourgeoises, même dans des auberges. Un palefrenier nous suit depuis Chaumont ; cependant je commençais à me servir de l'étrille, je menais boire mon *coco*, je lui donnais souvent du pain.

Je m'impatientais d'arriver à Metz afin d'être reçu dans les escadrons, les dépenses en route sont trop considérables :

il faut se nourrir, boire la bière avec les autres, acheter de la litière, payer de tout côté, le maréchal-ferrant, le vétérinaire, le sellier... enfin cela n'en finit pas. M. Baudel qui est riche croyait que tout le monde pouvait faire comme lui. Mais quand nous serons à Metz, pensais-je, tout cela changera de face.

Le 28 juillet nous sommes arrivés à *Pont-à-Mousson*. Nous avions rencontré le matin un régiment de cavalerie qui retournait à Metz. Un autre arriva après nous, il était passé la veille; en route, il avait reçu contre-ordre. Nous ignorions comment se discutent les grandes affaires à Pragues; mais, bast! il fallait penser en militaire et ne voir que le présent.

Jusqu'alors, voici ma vie ainsi que celle de mes camarades. Je me levais à 4 ou 5 heures; je quittais mon logement en emportant le porte-manteau, la capote, le sac à avoine où je mettais tout le reste, musette, bride noire, etc. J'allais aux écuries soigner le cheval, le seller, etc.; départ à 6 ou 7 heures. Je me trouvais bien à cheval, je ne ressentais aucune fatigue. Je causais en route; d'autres chantaient. On arrivait vers midi ou deux heures. Je débridais et attachais mon cheval à l'écurie; puis je portais tous mes effets au logement. Je revenais distribuer le foin, faire boire le cheval, lui donner de l'avoine. Je prenais un verre de vin et sur les 4 ou 5 heures on dînait tous ensemble. Le reste de la journée, les uns allaient au café, à la bière, au punch, etc., d'autres auprès des chevaux sur le fourrage. Toutes les nuits, un de ceux qui se trouvaient en retard était désigné pour être de garde à l'écurie.

Pont-à-Mousson est plus considérable que je ne le croyais. La Moselle qui vient de recevoir la Meurthe le traverse. Une montagne très élevée porte un vieux château appelé Mousson qui a donné son nom à la ville. Je vis alors moissonner du seigle; les récoltes étaient belles, mais le vin que nous avons bu en arrivant nous a coûté 75 centimes la bouteille; la bière se vendait 40 centimes le cruchon.

En arrivant à Metz, le jeudi 29 juillet, notre avant-garde nous a conduits dans un village à une demi-heure, à *Ban-Saint-Martin;* nos chevaux furent mis dans les écuries des bourgeois et nous, nous avons couché chez les vignerons et jardiniers. Nous étions fort impatients d'entrer en ville, parce qu'il nous fallait vivre à l'auberge, payer pour amener le foin, etc.

Marivet partit le 31 juillet au matin avec son escadron pour Thionville où ils devaient rester sept à huit jours. Le soir, nous reçûmes ordre de nous trouver dans la plaine le lendemain matin tels que nous étions arrivés. Le général Lepic nous y a formés en compagnies, ce qui a demandé beaucoup de temps; je fus mis à la septième compagnie et à la cinquième escouade.

Nous sommes rentrés à onze heures aux casernes que l'on appelle *Forts*. J'étais de la même chambrée que Groslevin, et camarade de lit avec Hennequin, de Levécourt. C'est le hasard qui nous rangea ainsi. Lécollier n'est rentré qu'à une heure; il se trouva du même escadron que moi, mais d'une compagnie différente. Millard était parti depuis longtemps; Dubreuil était au dépôt, c'est-à-dire pour former les derniers escadrons; Rembouillet, de Nogent, travaillait au fort, il espérait être trompette et rester au dépôt. On nous prévint que nous partirions d'ici dans quelques jours et nous irions à Thionville pour faire place aux gardes d'honneur qui sont logés dans les villages et qui attendent qu'on les forme en escadrons.

Le même jour, 31 juillet, j'allai à la ville de *Metz* avec Lécollier pour nous promener et acheter différentes choses nécessaires. Cette ville, située dans une plaine, est entourée de ponts, bastions, redoutes, fortifications, etc.; la Moselle l'arrose de toutes parts.

Beaucoup d'entre nous allaient à la comédie, mais moi pas : j'avais déjà dépensé plus de soixante francs depuis ma sortie de Chaumont ! A Metz nous ne dépensions plus tant ; chaque chambrée avait sa cuisinière et on mangeait ensemble. Marivet dépensait 1 fr. 25 par jour sans boire de vin, je fis comme lui. Mais c'était bien dommage qu'on se trouvât avec des gens riches qui ne se contentaient pas de cela. Pour moi, je tâchai de m'habituer à tout, ainsi je mangeai du pain de munition.

Depuis mon incorporation dans la 7e compagnie, je restai trois jours aux casernes du fort de Metz, qui sont assez bonnes ; un même escalier à repos sert à toute la compagnie de 116 hommes ; chaque escouade avait sa chambre où il y a huit lits, une cheminée, des planches pour mettre les effets et des crochets pour suspendre les harnais du cheval. Une cuisinière était attachée à chaque chambre ; elle était payée à la journée par la masse.

Vers les cinq heures du matin, un trompette sonne le réveil ; à cinq heures et demie, il sonne : *Donnez la botte aux chevaux*. A six heures, l'appel : tous les gardes se rendent sur la place avec leurs musettes ; les brigadiers font d'abord un appel, ensuite le maréchal des logis. Après l'alignement à droite, à gauche, etc., chacun va à son cheval, le sort de l'écurie, le panse pendant une demi-heure, le mène boire, le rentre et reste près de lui pendant qu'il mange l'avoine. Ensuite on va au fourrage, les uns avec des cordes pour les bottes de foin, les autres avec leurs sacs pour l'avoine. Viennent alors neuf ou dix heures ; si on sonne le boute-selle, il faut descendre tout l'attirail et seller ; quelquefois c'est simplement pour visiter les brides ou autres choses, mais d'autres fois c'est pour sortir manœuvrer dans la plaine. Quand on rentre, on desselle ; il faut tout remonter à la chambre, selle, couverte, chabraque, bride, etc. On dîne avec soupe, bouilli et légumes ; puis on nettoie ses effets et on les range, chaque chose à sa place ;

parfois on s'endort sur son lit. A trois heures, on sonne le second pansement, et à cinq heures on monte à cheval pour la seconde fois, quelquefois c'est pour la première. Souvent le matin on monte en pantalon de toile et on va à la rivière; mais le soir on nous indique l'habillement qu'il faut mettre et la manière de seller, c'est-à-dire s'il faut ne mettre que la selle ou s'il faut mettre tout le *garde-robe*.

Le 4 août, on est venu nous éveiller à quatre heures du matin, et nous dire de seller nos chevaux et qu'à cinq heures on partirait pour Thionville. Nous avons tous cru que c'était une feinte pour nous faire tout charger; on avait déjà donné le même ordre à plusieurs compagnies qui cependant étaient rentrées. Aussi beaucoup ont laissé de leurs effets dans les chambres; mais moi, j'ai tout chargé. Nous sommes allés dans la plaine; nous avons subi plusieurs revues de différents chefs et exécuté plusieurs manœuvres. Enfin, après une grande impatience générale, nous nous sommes mis en marche; on nous a fait passer à côté de la porte de la ville, près de laquelle nous nous sommes reposés encore très longtemps pendant que nos chefs allaient chercher je ne sais quoi à Metz. La 8e compagnie où est Lécollier est seule rentrée au fort; aussi notre escadron se trouve moitié à Thionville, moitié à Metz. On nous a fait sortir de cette dernière ville à cause de la grande quantité de gardes d'honneur qui devaient arriver le jour même; nous en avons rencontré, ils venaient de plusieurs départements, beaucoup étaient en bourgeois et avaient des domestiques.

Nous ne sommes entrés à *Thionville* qu'à cinq heures et demie et ce n'est qu'à sept heures du soir que nos chevaux déjeunèrent, car étant sortis trop matin, ils n'avaient pris que la paille qu'on leur donne pendant la nuit. Mais pour moi, j'avais mis du pain dans les fontes vides à pistolet et je tâchai d'acheter quelque chose des revendeuses. Tout en arrivant à Thionville, j'ai vu Marivet qui est de la

5e compagnie et logé comme nous aux casernes; je le vois très souvent, il se porte bien. On ne peut entrer en ville qu'en uniforme parfait et même il faut avoir le sabre, mais notre compagnie ne le recevra que demain ainsi que les carabines.

Thionville, anciennement ville frontière de France, est très fortifié; on y compte jusqu'à sept redoutes, d'épaisseur toujours plus élevée en se rapprochant de la ville, avec des souterrains partout. La Moselle peut à volonté remplir tous les fossés. J'ai vu de grandes quantités de piles de boulets, de bombes, etc.; les canons sont tous démontés et rangés. Malgré que cette ville ne soit pas plus étendue que Chaumont, les casernes sont immenses. Il y a un grand manège couvert pour manœuvrer quand il pleut; nous y allons à l'exercice à pied.

La ville de Metz est beaucoup plus guerrière que celle-ci; tout y est militaire; c'est le dépôt de seize régiments différents. On y instruit l'artillerie; une trentaine de canons sont placés dans la même plaine et servent tous à l'instruction des recrues. On entend le canon pendant toute la journée; je le voyais tirer de notre chambre, je voyais la poussière du but s'élever en même temps que la fumée de la poudre. D'un autre côté, c'est le bruit des élèves-tambours qui étourdissent; ailleurs c'est le son des trompettes; plus loin, dans la plaine où nous allions manœuvrer, on fait la petite guerre. Tous les jours, nous voyions arriver ou repartir des régiments. On dit que la ville de Mayence est encore plus chargée de troupes, mais il me semble qu'il ne peut guère y en avoir davantage qu'à Metz.

Le 8 août au matin, la trompette nous a éveillés à trois heures; il a fallu se lever, aller à l'écurie, seller, etc. Nous sommes montés à cheval à la pointe du jour, l'exercice cependant n'a pas duré longtemps, on a craint de fatiguer les chevaux, car il y en a beaucoup de malades en ce moment. Nous nous trouvions assez bien de cela; mais l'infanterie, qui n'a point d'excuses, on la fatiguait du matin au soir, tandis que nous, nous nous reposions souvent, soit sur nos lits, soit sur la paille. Tous les jours, un de nous quatorze était de garde à l'écurie et un autre à la chambre. La fonction de garde-écurie est pénible et dure vingt-quatre heures.

Les moissons étaient alors à moitié faites; le pays, quoique un peu à notre nord-est, est très fertile; il y a beaucoup de vignes et cependant le vin y est cher; la bière se vend 50 centimes le cruchon, le pain 20 centimes. C'est moins cher qu'à Metz; je dépensais beaucoup moins, mes deux repas très simples me coûtaient environ 90 centimes par jour. Etant à Metz, on nous avait donné 100 fr. pour l'escouade en acompte sur ce qui était dû; j'avais reçu pour ma part 6 francs et quelques centimes.

Jusqu'alors j'étais bien; il paraît que l'homme est une machine qui s'habitue facilement à bien des choses singulières. Depuis mon départ, l'heure des repas était toujours différente; mais à Thionville, on dînait à 10 heures et on soupait à 5 heures; celui qui arrivait trop tard, tant pis pour lui; s'il y a de reste, il trouvait sa part; pour moi j'étais souvent un des premiers. Les gens riches, délicats et difficiles étaient bien étonnés de tout cela; moi je m'y attendais et je le voyais donc sans surprise.

Nous ne savions point ce qui se passait dans les grandes cours, nos chefs, ni les gardes ne parlaient point de cela; nous ne faisions que dire : *on dit que telle chose est* ou *que cela n'est pas*. On racontait que la guerre recommençait avec la Russie et l'Allemagne et c'était tout.

Le 25 août au matin, la trompette nous a appelés; il a fallu se disposer à passer une revue : nous avons dû nettoyer les harnais, les habits, blanchir les buffles, emplir le porte-manteau, plier le manteau, seller le cheval, etc., le tout par principe. M. le général Lepic est venu nous voir à midi dans la plaine; nous étions deux escadrons, soit quatre compagnies : la 5ᵉ où est Marivet, la 6ᵉ, la 7ᵉ qui est la mienne, la 8ᵉ où est Lécollier. On a remplacé les hommes et les chevaux malades ; j'espérais que Dubreuil serait venu avec les suppléments, mais je ne l'ai point vu, je l'avais cependant prévenu par lettre. Nous sommes rentrés en ville à 5 heures ; après dîner, je suis allé faire ferrer mon cheval, de là le faire marquer sur la cuisse du montoir au fer chaud des lettres G. D. Il était alors nuit ; nous sommes allés chercher chacun un pain et demi pour trois jours. Ensuite on nous distribua nos sabres, nous avions les carabines. Nous devions monter le lendemain à cheval de bonne heure pour passer encore une revue et partir de suite ; je pensai que c'était pour aller du côté de Mayence ; il me parut dans tous les cas que les étapes seront mauvaises, puisque l'on nous forçait à emporter du pain.

Parlons maintenant de Metz ; j'y ai séjourné pendant huit jours, à l'hôpital, sans être malade. Le jour que nous sommes sortis de Metz pour venir ici, il y a trois semaines, j'ai senti des douleurs au bas-ventre, qui continuèrent le lendemain ; le docteur de l'escadron me dit que c'était une hernie qui commençait, et me donna un billet pour l'hôpital de Metz. Tous mes camarades envièrent mon sort, croyant que je serais réformé de suite. Je le crus aussi ; je disposai mes affaires pour prévenir l'un et l'autre cas : un palefrenier fut chargé de panser mon cheval à raison de 50 centimes ; les harnais furent déposés en lieu de sûreté ; je fis un paquet de tous mes habillements pour les emporter ; tous mes camarades me firent leurs adieux. Quand je fus à Metz, le major me dit fermement qu'il me donnerait un bandage et que tout se remettrait ; je fus même le revoir chez lui, je lui parlai à différentes fois, je ne pus rien obtenir ! Comme je n'avais aucune maladie, il me fallut revenir à Thionville. Je fus un peu gêné et même indisposé les premiers jours que j'eus le bandage, je me suis reposé et ne fis aucun exercice. Tout ce que je vois d'avantageux là dedans, c'est que mes chefs savent que cette blessure m'est survenue depuis que je suis au service ; ce me sera certainement de quelque utilité par la suite. Voilà comment il faut toujours trouver du bonheur dans le malheur.

Depuis quelques jours, on s'occupait à nous faire acheter tout ce qui nous manquait, une seconde musette, des ciseaux à crins, tournevis, etc., et on remplaçait les effets perdus. Groslevin dépensa beaucoup pour ce dernier article, il en était à son troisième plumet ; j'ai été obligé de lui prêter quelque chose, car il est à sec ; il est bien jeune pour son âge, mais cela se remettra avec le temps.

Je fus obligé de payer la voiture qui me ramena à Thionville et de me nourrir le premier et les derniers jours de mon voyage à Metz ; ce voyage me coûta 16 francs ! Voilà comme nos chefs ménageaient notre bourse ; un simple militaire serait allé en voiture sans rien dépenser ; et avec cela, la moitié de ma paye a été pour l'hôpital et le reste pour le palefrenier !

Nous avions pour chef d'escadron, M. de Choiseul. Il était âgé à peu près de 36 à 40 ans.

Je n'ai point encore dit que notre régiment se composait de 2.500 hommes. Il y avait dix escadrons de chacun 250 hommes, vingt compagnies de 125 hommes qui se divisaient en quatre subdivisions et chacune de celles-ci en deux escouades. Ainsi huit escouades dans une compagnie et vingt compagnies dans un régiment.

Le 26 août, au petit jour, le réveil nous fit lever pour préparer les chevaux et partir. Le général Lepic nous retint quelques heures sur la place ; nous avons quitté Thionville à neuf heures seulement. Nous devions coucher à *Bouzonville*, à 7 lieues de Thionville ; mais cette ville étant trop petite, notre compagnie fut envoyée dans un village à trois quarts d'heure de là.

Le paysan ne connaît plus la langue française ; ce fut par signes que nous fîmes comprendre nos besoins. Comme le fourrage ne vint que fort tard, nous exigeâmes *en militaires* du foin pour nos chevaux, de la soupe pour nous. Je vous avouerai que cette première fois cela me coûta beaucoup et me fit de la peine de voir des pauvres paysans nous donner ce que nous demandions; je retins même mes camarades qui ne se contenaient pas.

Les lits où nous couchâmes étaient faits de paille; un seul drap, sur lequel on s'étend et un lit de plume que l'on met sur soi. Nous crûmes que nous étions mal couchés, mais nous n'en eûmes pas autant plus loin.

Le lendemain, 27 août, nous fûmes rejoindre les compagnies à l'étape et, après avoir fait quatre lieues dans un pays superbe, parsemé d'arbres fruitiers et de petits bois, nous arrivâmes à *Sarrelouis*, belle ville bâtie par Louis XIV. Toutes les rues sont droites, parallèles et régulières; Nancy ne peut être plus régulier. Il y a deux portes semblables, situées l'une en face de l'autre; entre la ville et les remparts, il y a des casernes qui font ainsi le tour de la ville. Le vin commence à être fort cher; on fait usage de *chenic*, eau-de-vie faite avec des pommes de terre, les Anglais prisonniers en font un fréquent usage.

Le 28 août, nous fîmes sept lieues dans les sables, que le vent change souvent de place; l'infanterie doit y être bien misérable, car on y entre jusqu'aux chevilles. Mon cheval commençant à se blesser sous le porte-manteau, je dus mettre celui-ci dans la voiture des bagages. Nous arrivâmes à Saint-Jean; ayant traversé le pont nous entrâmes à *Saarbruck*. Trois lieues avant, nous avions traversé la Sarre en passant dans l'eau, il n'y avait point de pont; les voitures et autres passent sur une traille. Nous eûmes dans cette ville d'assez bons logements; j'étais logé chez un potier d'étain, l'usage de la vaisselle d'étain est général. On me dit que Saarbruck dépendait de l'ancienne principauté de Nassau; on y voit un palais superbe en forme d'église, il n'est plus habité, il était au prince. Au milieu de la ville se trouve le croisement des trois routes de Mayence, de Strasbourg et de Metz. Les aubergistes même ne comprennent le français qu'avec peine.

Nous devions avoir séjour le 29 août, qui était un dimanche, mais à midi un ordre est arrivé, on sonna l'appel et il fallut se préparer à monter à cheval et à partir. A trois heures de l'après-midi nous nous mîmes en marche pour aller à sept lieues, à *Hombourg*. Comme il faisait très chaud, nous fûmes couverts de poussière ; elle est très noire à cause de la houille qui se tire dans tout l'arrondissement, et qui se conduit sur de mauvaises voitures ; le quintal vaut six sous sur la mine et dix sous à la ville. Vers les huit heures et demie du soir on vint nous dire qu'il n'y avait point de logements libres ; il fallut gagner par des traverses, avec un guide en tête, la ville de *Deux-Ponts*, à trois lieues plus loin. Nous ne voyions plus clair ; nous arrivâmes cependant après plusieurs désordres dans les files droites, à onze heures ; la ville était illuminée. Nous n'eûmes point de distribution de fourrage, je fus obligé d'en acheter.

Le 30 août, on se mit en route de bonne heure. Après trois lieues de chemins de traverse, nous reprîmes la grande route au delà de Hombourg que nous ne vîmes point. Arrivés à *Siderbrugen*, l'étape, à trois heures après midi après avoir fait sept lieues, il nous fallut bivaquer, c'est-à-dire rester dehors, dans la plaine ; les chevaux mangèrent le foin à terre et l'avoine dans les musettes. Une heure et demie après, nous dûmes nous remettre en route, parce que cette étape ne pouvait contenir que 200 hommes. Nous arrivâmes à *Kaiserslautern* à neuf heures du soir ; nous sommes restés sur la place jusqu'à dix heures du soir et même plus : notre chef était en désaccord avec le sous-préfet qui voulait nous envoyer à deux lieues plus loin, les logements étant pris par des dragons. Enfin, on nous dit de chercher le logement où nous le trouverions. Beaucoup furent aux auberges, je fus de ceux-là; j'attachai mon cheval à un chariot dans la cour d'une auberge, et après avoir reçu le fourrage, je parvins à obtenir, en payant, de la paille dans une chambre où nous couchâmes six. Les autres restèrent sur la place de la ville, couchés sur du foin, enveloppés dans la couverture de leur cheval.

Le lendemain, les dragons partirent; nous trouvâmes ainsi plus facilement des logements. Nous fîmes séjour pour rassembler les hommes égarés par les villages ainsi que les compagnies qui n'avaient pas doublé l'étape. Ici, le pain est d'un petit usage; il est noir et gras; on a l'habitude de le saler, même le pain blanc des boulangers. Kaiserslautern est sous-préfecture du département du Mont-Tonnerre (que nous vîmes) dont Mayence est le chef-lieu.

Le mercredi, 1er septembre, nous allâmes dans un village à une lieue de *Weinweiler* où est l'étape, à quatre lieues de Kaiserslautern. En attendant le foin qui devait venir de l'étape je fus forcé d'en prendre, n'ayant pu faire comprendre ce que je demandais; la maîtresse du logement se mit à pleurer, j'en fus ému, je ne savais pas encore ce que c'était que *fourrager*, je l'ai appris amplement plus tard. Les habitants du pays ne mangent point de pain, si ce n'est les jours de fête; ils font cuire des pommes de terre à l'eau, ils les pèlent, et ils les mangent en guise de pain avec du fromage ou du lait cuit.

Le lendemain, nous partîmes par la pluie pour aller à *Alzey*, à sept lieues. Nous fûmes encore cette fois logé dans un village; les paysans, fatigués de loger des militaires, ne voulurent nous donner des œufs et du lait que quand ils virent de l'argent. Il fallut à la hâte blanchir les buffles, nettoyer les armes pour l'entrée le lendemain à Mayence, distant de sept lieues. Les fruits sont en abondance dans le pays, on les cueille jusque sur le bord de la route.

C'est le vendredi, 3 septembre, à une heure de l'après-midi que nous entrâmes à *Mayence*, cette fameuse ville de guerre qui est regardée comme imprenable. C'est une grande ville située sur les bords du Rhin, réellement très forte; elle est environnée de hauts remparts en terre séparés par des fossés pleins d'eau; des redoutes sont en grand nombre, on en voit jusqu'à trois quarts d'heure de la ville; les canons, les caissons et les différents ateliers militaires couvrent les plaines environnantes. C'est par Mayence que passent toutes les troupes, les munitions et tous les approvisionnements de la guerre.

Un comte de..., inspecteur aux revues nous examina à notre arrivée, et ma compagnie fut dirigée sur le village de *Monbach*, au-dessous de la ville. Je fus logé sous un hangar où je fus bien tourmenté par les cousins. Je ne sais où étaient Lécollier et Marivet; nous avions fait route ensemble depuis Thionville, mais, comme les logements étaient toujours remplis, on nous dispersait; cependant nous nous voyions tous les jours, mais quelquefois sans nous parler. Ils étaient tous deux ainsi que moi bien portants.

Il me sembla alors que nous ne devions pas partir pour Dresde avant deux ou trois jours, parce qu'on attendait d'autres escadrons de gardes, soit de Lyon, soit de Versailles pour partir tous ensemble.

La cavalerie a certainement un peu de mal, mais aussi on a bien du plaisir à parcourir ainsi les départements; quand on est en voyage, les yeux sont entièrement occupés à examiner les différentes manières de cultiver la terre, les productions, les usages, les habitations, les modes, etc., tout cela ne laisse pas que d'avoir son agrément; d'ailleurs, ne faut-il pas le trouver partout où on est?

Ainsi j'avais conservé mes bottes sans les ôter depuis Saarbruck, c'est-à-dire toute une semaine; n'est-ce pas bien commode?

On nous dit qu'une fois passé le Rhin, le bourgeois était

obligé de nourrir le soldat; cela ne nous paraît pas mauvais.

Le 6 septembre, nous sommes allés à Mayence pour être passés en revue de départ par le duc de Valmy. Outre nos quatre compagnies de gardes d'honneur venues ensemble de Thionville, il y avait plusieurs compagnies du 4e régiment des gardes d'honneur, des chasseurs à cheval, des grenadiers et plusieurs régiments d'infanterie. Après la revue, chaque corps a regagné son logement. On nous a dit que nous partirions tous ensemble le lendemain pour aller à Francfort et de là à Dresde en quatorze jours sans séjour.

Le village où nous étions est humide et incommode par les cousins; je fus content de le quitter. C'est entre ce lieu et Mayence que s'exercent les canonniers. Non loin de cet endroit, on a construit une redoute considérable qui sera entourée par les eaux du Rhin comme une île. On voit sur ce fleuve de superbes bateaux plus forts que ceux que j'ai vus à Lyon et ailleurs; ils sont à plusieurs mâts, avec quantité de cordages; ils ont un pavillon et des voiles; les chambres sont deux l'une au-dessus de l'autre; et le tout est bien couvert d'un bout à l'autre pour les garantir de la pluie. Le Rhin est à peu près quatre fois plus large et plus fort que la Seine à Paris; il est traversé par un pont sur 48 bateaux qui s'ouvre différemment que celui de Rouen. Ce pont fait communiquer Mayence avec Cassel, petite ville dont les Français se sont emparés depuis peu et qu'on fortifie par beaucoup de fossés et redoutes.

La ville de Mayence est moins occupée par les militaires qu'elle ne l'était il y a deux mois. On parle plus français à Mayence que dans toutes les villes à trente lieues; toutes les enseignes de la ville sont en français, quelques-unes répètent en allemand, au lieu qu'ailleurs tout est en allemand. Quand on voit chez nous la carte des départements, on se figure que ces pays frontières quittent leurs habitudes du moment qu'ils font partie de l'Empire; mais on se trompe, ils sont toujours attachés à leurs anciennes dépendances. Beaucoup des usages et même le langage se rapportent à ceux de la Flandre : on met du sable en poudre dans toutes les chambres sur le plancher, ce qui est bien commode... pour nettoyer nos armes ; les ferrements des portes et des armoires sont en cuivre, etc. J'ai mangé du jambon à Mayence, mais il n'est pas meilleur que celui que nous faisons *mayencer* à la maison.

Le 7 septembre, après avoir été passés en revue sur la place de Mayence, nous partîmes en traversant le Rhin sur le pont de bateaux. Nous étions avec les gardes d'honneur du 4ᵉ régiment, beaucoup d'autre cavalerie et de l'infanterie au nombre de 10.000 hommes. Le passage du pont dura peut-être deux heures ; on ne voyait ni le commencement ni la fin de la colonne.

Cassel forme le bout du pont et les limites de la France. C'est dans ses environs que sont les dernières vignes ; il y a beaucoup de pruniers (quoiches), avec les fruits on fait de l'eau-de-vie.

Nous traversâmes de belles plaines ; à 4 heures de Cassel, nous vîmes un beau château sur les bords du Mein. Après avoir fait 8 lieues depuis Mayence, nous arrivâmes à *Francfort*, grosse, grande et belle ville ; les jardins qui l'entourent peuvent être comparés à ceux des maisons de campagne des environs de Paris ; une grande partie des maisons de la ville sont décorées de corniches et cordons, de pots de fleurs, de bustes, de statues ; elles sont toutes peintes et vernies à l'huile, couvertes en ardoises. Francfort est la capitale de l'Etat du même nom ; elle fait partie de la Confédération du Rhin. Les troupes qu'elle fournit conservent l'emblème du pays qui est une roue couronnée à six rayons. Nous logeâmes tous en ville, mais la cavalerie fut conduite sur les promenades où les chevaux furent attachés afin de passer la nuit. On nous donna des billets de logement pour aller souper en ville ; j'ai préféré coucher sur les promenades comme beaucoup d'autres; nous fîmes du feu et le temps fut à nos souhaits, c'est-à-dire sans pluie.

Le 8 septembre, dès la pointe du jour, nous partîmes nous rassembler sur la place de la ville, puis l'on se mit en route pour *Hanau*, situé à 4 lieues. On y a formé un dépôt pour les hommes et les chevaux malades; ceux qui étaient en bonne santé se joignirent à nous et nous allâmes coucher dans un village très éloigné.

Le 9, après avoir rejoint sur la route les autres gardes d'honneur et l'infanterie, nous avons commencé à rencontrer les voitures ramenant en France les blessés pouvant supporter le voyage. Ces voitures sont conduites par des paysans chez lesquels on les a mises en réquisition. Le général nous prévint qu'il y avait dans le pays des insurgés attaquant quelquefois les soldats isolés; il nous fit charger nos carabines, établit une avant-garde, une escorte, et prit, en arrivant à l'étape, les dispositions nécessaires pour assurer la tranquillité dans la ville. L'étape est la ville de *Gelhausen* (Gelnhausen), à 4 lieues de Hanau; mais nous fûmes coucher dans un village à 2 lieues de là : les étapes sont courtes, mais que les journées de chemin sont longues!

Le 10, à 4 heures du matin nous étions à cheval pour aller à *Salsmunster*, à 4 lieues de Gelhausen. L'infanterie comme toujours resta à l'étape ou dans les villages les plus proches, tandis que nous fûmes envoyés au loin dans un petit village dans les montagnes et les bois, où nous logeâmes jusqu'au 12 et 14 dans chaque maison. Les habitants étaient obligés de nous nourrir. Leur pain est fait avec de l'orge, du seigle et du cumin. On mange du lait, des pommes de terre et du beurre salé, seul beurre généralement en usage. La vaisselle est en bois; les cuillers sont toutes rondes de un pouce et demi de diamètre et très incommodes. Les habitants nous firent comprendre qu'ils avaient des soldats tous les jours. Nous crûmes devoir poser des sentinelles pour notre sûreté.

Le 11, nous allâmes à *Slugteren* (Schlüchtern), distant de 4 lieues de Salsmunster; je restai dans la ville; nos chevaux restèrent sellés toute la nuit et nous fûmes constamment sur le qui-vive (1).

Le 12, après avoir rejoint la compagnie, nous allâmes à *Vulda*, à 6 lieues de Slugteren, 30 de Mayence, 24 d'Erfurth. On prononce en allemand le simple *v* comme notre *f*, et *u* comme *ou;* ainsi on dit *Foulda* pour Vulda. Il pleuvait; il fallut aller au loin loger dans un village par de très mauvais chemins. Nous rencontrâmes 2.000 à 3.000 prisonniers faits à Dresde (2). J'eus une enflure à la jambe droite; mais elle diminua pendant la nuit.

Le 13, avant le jour, nous revînmes à Vulda; les prisonniers étaient encore au bivac. Au lieu de partir, on nous fit manœuvrer jusqu'à midi par la pluie. Nous rentrâmes ensuite en ville où nous eûmes beaucoup de peine à trouver un logement. Je fus garde d'écurie et ne pus profiter d'un lit; cela n'a pas empêché qu'on ne me prît le licol et la longe de mon cheval; depuis ce temps je le tiens attaché avec la corde à fourrage.

Le mardi 14, nous partîmes pour *Hunfeld* à 4 lieues;

---

(1) Avant de sortir de France, on nous avait fait émoudre nos sabres et on nous avait distribué des cartouches, parce qu'il y a, dit-on, dans la Confédération du Rhin des brigands qui arrêtent tout ce qu'ils peuvent, surtout quand on n'a pas de cartouches; mais jusqu'ici nous n'avons vu personne. Cependant la nuit on fait sentinelle pour éviter d'être surpris; je l'ai été plusieurs fois à tour de rôle; ici, à Slugteren, nous sommes restés un cent, les chevaux toujours sellés et nous allâmes à la découverte en petit nombre avec consigne de faire feu; mais nous ne vîmes rien.

(2) Ils étaient bien escortés et cependant ils désertaient, parce que les paysans les protègent, tandis que nous, ils ne nous reçoivent que parce qu'ils ne peuvent pas faire autrement. Pour empêcher les désertions, les prisonniers bivaquent toutes les nuits; on leur donne du bois et les habitants leur portent à manger par charité.

notre compagnie n'arriva au village qu'à 4 heures du soir, parce qu'il faut tous les matins que toutes les troupes, infanterie et cavalerie, se rassemblent au rendez-vous pour marcher en colonne.

Le 15, comme j'avais une jambe enflée, j'ai ôté une botte que je n'avais pas quittée depuis Mayence et je pris la voiture des équipages pour aller à *Geiss*, puis à *Vacht* (Vacha). Là, nous entrâmes en Saxe. Comme toujours, nous fûmes logés dans des villages très éloignés; il n'y avait point de pain, on nous donna des pommes, des prunes, du beurre et de la soupe en farine.

Je pris encore la voiture le 16 pour aller à *Eisenach*, à 11 lieues d'Hunfeld. Le chemin est très pittoresque : des plaines, des bois, des montagnes arides ou couvertes de sapins; la route est creusée dans le roc. A notre arrivée en ville, il fut décidé que nous n'irons pas plus loin mais que nos chevaux seraient conduits bivaquer en dehors de la ville. Voici en peu de mots ce que c'est qu'un bivac : avec la corde à fourrage on attache les chevaux par escouade, à des arbres, à des piquets, etc.; on met les carabines en chèvre et on y suspend la giberne, les sabres, etc.; les selles sont mises en tas; on nomme des gardes qui ne doivent pas quitter le poste; les autres vont chercher le foin, l'avoine, le bois, puis piller des pommes de terre, des pommes, des poires, etc.; enfin les uns dorment, les autres chantent.

Eisenach est situé au bas d'une montagne escarpée sur laquelle on voit un vieux château très renommé. Les seigneurs d'Eisenach y réunirent quantité d'armures anciennes, celles des chevaliers qu'ils désarmaient dans les tournois. On y conserve celle de Henri II, roi de France. On y voit des cottes de mailles, sorte de chemises en fil de fer qui ployées peuvent tenir dans la main. Ce château fut aussi la demeure de Luther, le chef de la religion réformée. Dans les églises de la ville j'ai vu la chaire à prêcher comme à Genève; mais j'y ai vu aussi le Christ et quelques saints ainsi que des tableaux!

J'ai remarqué dans la ville un quartier tout neuf; j'ai appris qu'il était construit depuis trois ans à la suite d'une explosion de poudre qui avait tout détruit en ce lieu. Trois voitures chargées de poudre traversaient la ville; cette poudre s'échappait des barils; une étincelle produite par un des fers des chevaux mit le feu à la traînée répandue sur la route et à tout le convoi. Les voitures, les hommes, les chevaux, les maisons voisines et plusieurs rues furent dispersés jusque dans la campagne.

Dans la journée, j'ai changé mon manteau contre un plus long du collet et beaucoup plus fin; cela ne m'a coûté que 16 francs; le besoin fait faire bien des choses désavantageuses! Le quart de nous manque de cette denrée si précieuse pour le moment, l'argent, parce qu'ils croyaient rester à Metz quelques mois. Groslevin n'en a pas encore reçu, je lui en ai prêté mais rien que pour la grande utilité. Vous avez reçu sans doute le billet que Dubreuil m'a fait pour les 12 francs que je lui ai prêtés; je désire savoir son adresse afin de le demander quand je rencontrerai sa compagnie.

Le bivac avait été choisi, ai-je dit, hors de la ville, sous des arbres auxquels nous pûmes attacher nos chevaux. Le désordre régnant dans la ville, nous n'eûmes point de billet de logement; les auberges étaient remplies; je fus ainsi obligé avec quatre camarades d'aller dans une maison demander à souper le sabre à la main; malgré qu'il y avait déjà d'autres soldats, il a fallu qu'on nous donne du pain et du beurre.

On dit que les environs d'Eisenach étaient occupés par des déserteurs et des insurgés qui se sont réunis. Aucun de nous ne coucha en ville mais tous au bivac; nous fîmes de grands feux et la nuit commença assez bien; mais vers 3 heures du matin la pluie vint nous réveiller, il fallut s'envelopper et rester là. Au bout de deux heures, le jour vint enfin nous tirer de l'embarras où nous étions.

Le 17 septembre, n'ayant pas la voiture à ma disposition, je dus remonter à cheval pour aller à *Gotha*, éloignée de 6 lieues, belle ville dominée par un château superbe, de forme carrée, bâti à la française, c'est la résidence d'un prince. Le duché de Francfort finit à quelques lieues d'Eisenach du côté de la France; cette ville ainsi que Gotha est en Saxe et toutes deux dépendent d'Erfurth et de Leipzig.

Gotha n'est qu'à 5 lieues d'Erfurth où nous devions aller le lendemain, mais il y a eu contre-ordre parce qu'il y avait trop de troupes, et nous fûmes envoyés dans les villages voisins. Les chevaux blessés et les hommes indisposés de l'escadron, dont je suis, c'est-à-dire 7e et 8e compagnies, allèrent à *Ringleben;* les autres à une lieue de là, à Gebessé, où ils manœuvrent tous les jours sous les ordres du capitaine de lanciers Durand. Ainsi, Marivet et Lécollier n'étaient pas loin de moi, ils se portaient bien; je me trouvais là avec Guignard et Rosotte, de Chaumont, ainsi qu'avec Vernier et Gény aussi du département de la Haute-Marne; nos cinq chevaux étaient blessés.

Depuis notre arrivée à Ringleben, je me reposais, j'en avais grand besoin ainsi que tous les autres. J'étais logé chez un tailleur. J'ai profité de mon repos pour aller chez le cordonnier, chez la blanchisseuse, etc., pour blanchir les buffles, dérouiller mes armes, etc. Mon cheval paraissait devoir être bientôt remis de sa plaie qui est sur le dos; la fatigue l'avait fait maigrir; ce n'était que pendant la nuit qu'il pouvait manger, il n'avait pas le temps de se coucher; tout cela me fait de la peine, mais il fallait qu'il fît comme moi, qu'il s'habituât à tout. Une fois les fatigues passées, elles sont oubliées, et on jouit du présent quand il est bon et qu'il y a un peu de repos.

Quand nous étions sortis de Mayence, on nous devait

déjà deux jours de paye; depuis ce temps nous n'avions rien reçu. Nous étions nourris partout, mais souvent mal; quand le maître était pauvre, on ne pouvait lui demander ce qu'il n'avait pas. Pendant que nous étions à cheval, en voyage, nous achetions différentes choses. Le pain blanc est très cher, il se vend en petits morceaux comme des pommes. La monnaie courante de Francfort est en kreutzer, ici c'est le grostche, il y a aussi le kreutzer, le florin et le thaler; 4 kreutzer font un grostche et 96 un thaler. J'avais changé un louis à Gotha en pièces de Francfort croyant bien faire, et à Ringleben les pièces que j'avais perdaient un cinquième; on ne connaissait pas la valeur des petites pièces françaises.

Je n'ai point acheté de grammaire allemande pour éviter l'embarras, d'ailleurs je n'avais pu aller en ville. Une vingtaine de mots composaient toute ma science; je me faisais entendre par signes; ne pouvant demander explication de tout ce que je vois, je le devinais.

Ce pays de Saxe est très fertile, mais froid; la terre est noire et bonne; il y vient peu ou point de froment, mais de l'orge, du seigle, de l'avoine, et aussi beaucoup de légumes dont les habitants vivent toute l'année. Les maisons sont toutes bâties en bois de sapin; les écuries sont séparées les unes des autres ainsi que des maisons; le tout est couvert en paille. Le foyer de la cheminée est très élevé, on n'y brûle que de la paille dessous des trépieds sur lesquels sont les marmites; les chaudières des brasseries elles-mêmes sont chauffées à la paille. Peut-être que le bois est très rare ou le conserve-t-on pour brûler dans les poêles qui sont en entier dans les chambres, mais dont l'entrée est dans la cuisine; cependant je ne vois point de bûchers dans les maisons. Dans les pays du côté de la France, il y a de la houille; je crois qu'il n'y en a point ici.

On élève et nourrit beaucoup d'oies dans le pays; elles vont dans la campagne en troupeau comme les moutons.

Il y a des lièvres en quantité, ils ont le goût du lapin ; on les chasse peu, ils ne savent pas courir.

J'étais très bien à Ringleben. Les habitants de la Saxe, du moins ceux de la région, étaient tranquilles et paraissaient aimer les Français. Ils sont de mœurs simples, mangent peu de pain, beaucoup de légumes et prennent le café tous les jours.

Le matin on me donnait donc du café au lait ; il était allongé par du seigle brûlé, avec du pain blanc gros comme un œuf qui coûtait environ un sou de France, et sans sucre qui cependant ne se vendait qu'environ 4 francs. La soupe se fait avec de la pâte roulée dans les mains, et ensuite bouillie en guise de vermichel ; les légumes se mangent avec des cuillers et en grande sauce, on y met des pommes, des poires, etc. J'ai vu des tartes que j'ai goûtées ; il y avait des prunes, des pommes, de l'anis, des herbages et des racines que je n'ai pu deviner.

J'ignorais les affaires politiques ; un caporal blessé le 29 août m'a dit que nous avions été repoussés à Dresde et qu'il y avait des Cosaques de ce côté-ci pour reprendre les prisonniers qui y sont. Ce qui était certain, c'était que les voitures de blessés, ainsi que tous ceux blessés à la main, couvraient les routes ; nous en avions rencontré toute la journée, dans tous les villages où nous avons passé. On disait encore que les gardes d'honneur avaient déjà donné, mais je n'en croyais rien. A trois lieues de Ringleben, il y a eu beaucoup de bœufs pris par les insurgés. Tous les villages environnants étaient occupés par différentes troupes qui allaient ainsi que nous au dehors et même loin à la découverte ; nous faisions sentinelle le jour et la nuit ; et nous nous tenions toujours prêts à partir au premier coup de trompette. C'est ainsi qu'on fait un bon soldat.

Quelques jours plus tard, nous fûmes envoyés dans un autre village près d'*Erfurth;* je me trouvai logé dans un moulin avec Lécollier et trois autres du département. Nous sommes restés là quelques jours parce qu'une bande de brigands rôdait autour de nous. Nous avions des sentinelles dans la campagne et des vedettes sur les hauteurs, pour notre sûreté. Nous continuions à faire l'exercice dans les moments libres. Pendant ce temps, une partie de ma compagnie fut envoyée à *Gotha* pour repousser les maraudeurs qui menaçaient la ville.

Après avoir changé de village et rejoint ma compagnie, nous partîmes le 3 octobre pour reprendre la route de Leipsick, marchant le jour et la nuit. Nous passâmes le deuxième jour dans une saline où douze ou quatorze jours auparavant un convoi militaire et un régiment de cuirassiers avaient été surpris et pillés pendant la nuit au bivac par ces brigands ennemis. Nous arrivâmes enfin à *Neubourg* (Naumbourg) à la nuit. Toute notre colonne logea en ville et dans les faubourgs; je fus avec dix-huit autres chez un marchand; mon cheval fut placé comme je pus.

Le lendemain, étant à une lieue de la ville, on retourna; on nous dit que c'était à cause d'un pont qui était coupé. Après avoir manœuvré pendant longtemps, nous arrivâmes sur le soir dans un bois à une lieue sur le côté de la ville. Nous restâmes plusieurs jours dans ce lieu. Chaque société construisit une petite baraque pour coucher. Nous allions dans un vilage pour manger du pain, des pommes de terre et de la soupe. Chaque paysan nourrissait 20 à 30 hommes. Il y avait aussi un régiment d'infanterie de bivaqué dans le bois. Tous les matins nous montions à cheval avant le jour et on manœuvrait deux ou trois heures

Le 8 octobre nous sommes allés jusqu'à trois lieues pour chasser un régiment de cavalerie ennemie que la veille, étant en patrouille, j'avais vu à la nuit tombante. Leurs vedettes se replièrent à notre vue, et notre avant-garde arriva dans leur village comme leurs équipages en sortaient. Ils s'enfoncèrent dans un bois et nous revînmes dans celui où nous étions cantonnés.

Nous sommes partis le jour même pour Neubourg pour suivre la colonne d'armée qui était partie depuis le matin. La marche fut forcée; sur le soir nous traversâmes des villages où les fantassins avaient formé de grands bivacs. A minuit nous arrivâmes dans un village dont les habitants s'étaient enfuis; nous fûmes logés 35 gardes dans une maison où il y avait déjà 35 fantassins. Il m'était survenu une enflure à la jambe; j'en souffrais beaucoup; aussi restai-je couché près de mon cheval et ne mangeai rien; mais mes camarades se rassasièrent de pommes et de pommes de terre, car on ne voyait plus de pain. Nous partîmes à 4 heures du matin pour *Leipsick* dont nous n'étions qu'à cinq lieues. Nous y logeâmes dans un faubourg pendant deux jours; nous faisions la cuisine nous-mêmes.

Le surlendemain, dimanche, nous traversâmes la ville de Leipsick et nous allâmes coucher au village de *Vachau;* il y avait jusqu'à 30 et 40 soldats dans chaque maison.

Le lendemain, 12 octobre, on nous ramena dans une plaine proche Leipsick. On forma des abris avec des branchages et nous y étendîmes un peu de paille qu'on allait prendre en fourrageant dans les villages voisins. Nous restâmes dans ce bivac jusqu'au 14. Nous y mangeâmes des pommes de terre et de la viande rôtie, mais le pain avait disparu; il vint cependant des femmes qui nous vendaient du chenaps et des fruits. Nous allions en fourrage dans les villages voisins; la nuit du 13 au 14, je fus avec Rosotte, de Chaumont, au village de Vachau qui était déserté des habitants, mais occupé par quantité de troupes. Nous fîmes cuire de la viande d'un cochon qu'il venait de tuer et je fis une soupe en pommes de terre qui fut bonne, bonne... L'Empereur, nous dit-on, était arrivé depuis quelques jours de Dresde avec quelques troupes qui y étaient restées depuis le mois de mars, pendant le Congrès de Prague et l'armistice qui eut lieu à cette époque.

Le 14 octobre, vers les 3 heures du matin, j'entendis la canonnade pour la première fois sérieusement. Nous étions en plaine, le village de Vachau nous cachait le lieu de la bataille. On nous disposa pour le combat avec plusieurs régiments d'infanterie; ce ne fut que vers les onze heures qu'on nous fit avancer, mais nous restâmes en arrière.

Plusieurs régiments de dragons de vieilles troupes étaient arrivés la veille venant d'Espagne; ce sont eux qui donnèrent les premiers contre les hussards autrichiens de La Tour. Ceux-ci firent une vive résistance, mais enfin ils cédèrent le terrain en y laissant environ 150 tués. Nos dragons eurent une centaine tant tués que blessés; beaucoup de ces derniers avaient de légères blessures à la main ou à la tête; après avoir été pansés ils rejoignirent le régiment en passant à côté de nous. Un dragon qui avait la jambe emportée par un boulet passa près de moi soutenu sur son cheval par un camarade; il me dit : « Ne craignez rien, jeune garde, les ennemis ont peur et se sauvent. »

Les boulets cependant parvinrent jusqu'à nous; un garde de notre régiment a eu un bras d'emporté et deux autres gardes furent démontés. Sur la fin de la journée, l'ennemi se retira dans les bois et les montagnes; nous revînmes vers les 10 heures du soir dans notre cantonnement. Par le plus grand des hasards, j'ai trouvé à acheter un morceau de pain d'environ deux livres, mais je l'ai payé 3 francs; je dis hasard, parce que nos chefs n'en trouvaient pas quelque prix qu'ils offrissent.

Le lendemain 15, l'ennemi ne parut point. On nous rassembla dans la plaine avec les quatre premières compagnies de notre régiment qui venait de Dresde avec l'armée; je retrouvai là des gardes d'honneur de la Haute-Marne. Le soir nous sommes venus bivaquer dans les jardins d'un village où il y avait beaucoup de tabac en plante et en feuille, il nous servit à couvrir notre cabane. Nos chevaux étaient liés aux arbres proches de nous; trois se perdirent pendant la nuit. Je mangeai des pommes de terre et de la viande; il me restait encore un peu de pain du morceau acheté la veille. Je vis ce jour-là plusieurs gardes du premier départ de la Haute-Marne; mais pour Milliard on me dit qu'il était resté à Torgau-sur-l'Elbe et qu'on ne savait ce qu'il était devenu depuis.

Le 16 octobre, on nous fit quitter notre bivac avant le jour pour aller au delà du village de Vachau. Vers les 8 heures nous entendîmes tout à coup une canonnade épouvantable; on me dit plus tard que l'Empereur avait attaqué l'ennemi par une décharge de 300 pièces. L'ennemi qui avait reçu du renfort la veille répondit de même; il était placé dans les bois qui entourent la plaine où nous étions. On nous a dit dans le moment que l'Empereur venait de commencer une bataille d'une manière non ordinaire et qui serait mémorable.

Le bruit du canon ne discontinuait point; les coups partaient six à huit à la fois. On nous faisait souvent changer de position. Nous formions le 3e rang; au 1er rang l'infanterie et les grenadiers à pied, au 2e rang les grenadiers à cheval et les dragons. J'étais dans le bas d'une plaine et le premier rang était au-dessus. Vers les 10 heures, nous revînmes d'environ un quart de lieue; je crois que c'est dans ce moment que l'ennemi prit le village de Vachau. Les blessés venaient passer près de nous, les uns seuls, les autres soutenus par un ou deux camarades, d'autres portés sur des brancards ou échelles, surtout les officiers. Les chevaux blessés et abandonnés se retiraient du combat et s'éloignaient du bruit; il en vint un qui avait les fesses emportées, il se rangeait à côté de nous et se mettait dans les rangs; mais beaucoup d'autres avaient une jambe emportée, ils se répandaient dans la campagne et cherchaient à brouter.

Nous voyions les régiments du premier rang changer de place, et les caissons et les canons que l'on plaçait de toutes parts. La résistance fut très vive; le bruit était terrible; plusieurs maisons du village prirent feu. L'aile droite de l'ennemi qui était à une demi-lieue de nous et à notre vue recula. Enfin, vers les 4 heures on nous fit avancer sur le champ de bataille aux cris de *Vive l'Empereur :* il passait dans la plaine; la victoire était décidée. Quand je fus sur la hauteur, je vis l'ennemi qui, comme le 14, se retirait dans les bois et les montagnes où il avait déjà placé quelques pièces; il occupait encore quelques maisons du village de Vachau, mais on lui lança une si grande quantité d'obus qu'il fut forcé de se retirer. Notre artillerie continua toujours d'avancer et de tirer.

Je vis dans la plaine beaucoup de chevaux, un grand nombre de boulets et de fusils, mais peu de morts. Nous sommes restés sur le champ de bataille qui avait servi de bivac à l'ennemi, jusqu'à minuit qui est l'heure où la canonnade cessa en se ralentissant peu à peu; on m'a dit qu'il avait été tiré ce jour-là 95.000 coups de canon! Nous traversâmes alors le champ de bataille ainsi que les bivacs de l'infanterie; le clocher de l'église de Vachau était en feu et nous éclairait; cependant plusieurs de nous s'égarèrent et d'autres restèrent dans les fossés qu'il nous fallut franchir.

Nous parvînmes enfin dans ces jardins où nous avions passé la nuit précédente. Le village était complètement épuisé; ni paille pour nos chevaux, ni bois pour faire du feu; nous fûmes obligés de démolir les maisons pour avoir l'une et l'autre denrée. Cependant nous avons pu trouver de la viande que nous avons mangée rôtie, et des pommes de terre. Enfin, je me suis endormi accablé de fatigue et de sommeil.

Le lendemain, l'ennemi ne parut point. Vers les neuf heures, je fus du nombre des fourrageurs. Ne trouvant rien dans le village désigné, j'allai avec Hennequin, de Levécourt, et un autre vers un village plus éloigné; nous n'y pûmes pénétrer, il était occupé par les ennemis. Dans un autre nous fûmes plus heureux : je trouvai du foin, des pommes, des fromages et des confitures; Hennequin tua des pigeons. Nous revînmes à notre compagnie à travers une grande plaine où était l'Empereur dessous une tente, car il faisait mauvais temps. Je trouvai ce jour-là une cantinière qui me vendit de l'eau-de-vie pour 24 kreutzers, j'en eus une demi-taupette que je gardai pour le besoin; on la vendait alors jusqu'à 15 criches le petit verre. Le soir, nous fûmes encore à plusieurs au fourrage; il était nuit et il pleuvait beaucoup; nous ne trouvâmes que de la paille. Groslevin qui était de nous se croyait perdu; plusieurs même voulurent coucher; mais je revins dans notre bivac où nous passâmes la nuit sans feu, dans la boue.

Le lendemain, 18 octobre, on monta à cheval avant le jour et nous allâmes proche la ville. Au jour nous revînmes en plaine; presque aussitôt nous fûmes attaqués par l'ennemi qui venait de recevoir des renforts, il occupait le bois avec son artillerie. Nous changeâmes souvent de position; à un moment, étant sur une hauteur, je vis que nous étions entourés par l'ennemi; nous étions au levant de Leipsick. A midi, les ennemis nous attaquaient de toutes parts et mettaient le feu aux faubourgs au couchant de la ville; nous nous en rapprochâmes, puis nous revînmes sur nos pas.

Les Saxons, nos alliés, au nombre de 20.000, étaient placés dans une plaine au nord ; de notre position nous les voyions, ils occupaient deux villages. Dans la même plaine étaient l'ennemi et les Cosaques. Vers 4 heures, après avoir envoyé des parlementaires et fait plusieurs manœuvres dans la plaine, ces Saxons cessèrent le combat; quelques instants après ils dirigèrent sur nous leur artillerie, quatre pièces. Un général fut de suite chercher quatre pièces et leurs suites qui se placèrent devant nous pour nous soutenir; le premier coup démonta une des pièces ennemies, et quelque temps après les trois autres changèrent de position ; nos quatre pièces perdirent un cheval. Pendant ce temps d'autres pièces ennemies placées au levant nous ajustaient ; leurs boulets tombaient peu sur nous, mais soit devant, soit derrière ; cependant, dans un court espace, mon brigadier qui était à ma droite au second rang fut transpercé à l'estomac et deux autres hommes de mon peloton furent démontés. Les jeunes troupes, comme nous, baissent la tête quand le sifflement des boulets approchent, passent dessus et tombent derrière, tandis que les vieilles troupes restent immobiles. Dans ce moment, l'Empereur qui parcourait la plaine vit tomber un obus devant lui, mais la mèche était éteinte ; il prit une prise de tabac et n'y pensa plus.

On nous fit encore changer de position ; c'est seulement à la nuit que nous nous retirâmes du champ de bataille. On nous fit marcher pour aller à Leipsick dont nous étions à une demi-lieue. Après avoir traversé de grandes plaines, des villages, des bivacs, et même approché de très près des feux ennemis, nous arrivâmes à la ville à onze heures. On ne put y entrer, on parcourut les faubourgs et les promenades ; au milieu du désordre je perdis le régiment, j'eus le plaisir de rencontrer Marivet et avec une vingtaine de gardes nous nous arrêtames sur une promenade. Les jardins et les places étaient garnis de feux autour desquels étaient des blessés en grand nombre. Nous trouvâmes de l'avoine en paille pour nos chevaux et pour nous des pommes de terre que nous fîmes chauffer difficilement, le bois étant rare.

On nous dit que ce jour qui fut appelé la *bataille de Leipsick*, les Français avaient tiré 95.000 coups de canon.

L'artillerie défila toute la nuit et prit la route de France. A la pointe du jour, 19 octobre, nous partîmes en suivant la même direction pour retrouver notre régiment. Je ne savais pas en ce moment que nous allions commencer notre retraite. On marchait comme on pouvait, c'était au plus habile à passer; la route était pour les voitures et nous formions quatre ou cinq colonnes à côté dans les champs; il fallait ainsi souvent franchir des fossés, des montées, des descentes, etc. Je retrouvai ma compagnie à une demi-lieue de Leipsick. Le soir, nous restâmes dans un village à 8 lieues de la ville; il était désert comme tous les autres. La nourriture était toujours la même, de la viande et des pommes de terre; nous trouvâmes cependant des pommes que l'on mit dans un sac et dont Groslevin fut chargé pour le lendemain; d'autres portèrent d'autres provisions, d'autres une hache, des pots de terre, etc.

Le 20 octobre, Groslevin se perdit; il dut rester en arrière, parce qu'il n'avait pas pris soin de son cheval. Moi, je fis ferrer le mien en plaine. Nous arrivâmes à *Lutzen* sur le soir; c'est le lieu d'une fameuse bataille qui se donna au mois de mai dernier. Il paraît que l'ennemi occupait la route d'Erfurth, car nous quittâmes cette route qui est belle pour en prendre une bien difficile. Nous passâmes la rivière de Saale à Feisenfeld sur un pont de bois qui fut brûlé pendant la nuit quand l'armée fut entièrement passée. On bivaqua en plaine. Nous mangeâmes le peu de viande que j'avais avec des pommes de terre; mais nous n'avions point d'eau à boire.

Le 21 octobre nous partîmes avant le jour. Les chemins étaient très mauvais, nous passâmes dans des défilés difficiles. Nous nous sommes longtemps arrêtés dans une plaine proche d'un village à cause du passage de la rivière de *Saale* sur laquelle nous avions brûlé un pont la veille. Nous entendions le canon et la fusillade; on abandonna et même on brûla en cet endroit beaucoup de caissons, de voitures et d'autres effets, même des voitures de généraux; chacun, surtout l'infanterie, pillait et prenait ce qu'il y avait de plus précieux; beaucoup de chevaux des équipages du train et des blessés restèrent aussi dans cette plaine. Cependant on se pressait beaucoup pour arriver au passage de la rivière;

il y avait trois ponts, un pour la cavalerie, un pour l'infanterie et un pour les voitures; ces ponts n'étaient guère solides. L'ennemi avait plusieurs pièces sur les hauteurs voisines qui nous ajustaient; nous avions plusieurs régiments d'infanterie et d'artillerie qui protégeaient notre passage. Plusieurs boulets sifflèrent tout près de moi; je n'eus que la peur. Il fallut ensuite monter plusieurs montagnes et passer des défilés très difficiles; plusieurs chevaux périrent dans les ravins; les villages étaient tous déserts. Quand il fut nuit, on mit des trompettes sur les passages pour nous rallier et on éclaira les voitures et les caissons avec des falots; beaucoup restèrent dans les fossés. Nous nous arrêtâmes quelques heures dans un village; j'y fis cuire des pommes de terre et de la viande; j'avais aussi des confitures et des pommes; je découvris un peu de farine, j'en fis de la pâte que nous fîmes rôtir sur les charbons.

Le lendemain, avant le jour, on continua le chemin; on formait plusieurs colonnes pour évacuer plus promptement. Nous eûmes encore un passage très difficile, c'était un défilé très étroit; les chevaux ne pouvaient descendre, nous les soutenions par la tête; heureusement l'ennemi n'y était pas encore. Nous marchâmes tous les jours suivants de la même manière, c'est-à-dire en plusieurs colonnes; nous occupions la route d'une demi-lieue de large suivant le terrain; tous ceux qui ne purent suivre la compagnie furent exposés aux insultes des brigands ennemis qui ne cherchaient qu'à voler et piller les traînards et blessés.

Le 23 octobre nous arrivâmes auprès d'*Erfurth*. Je traversai la ville avec le 3e régiment parce que j'avais perdu le mien pendant la marche de nuit. Cette ville était remplie d'infanterie et de cavalerie; les maisons étaient fermées; on ne trouvait à acheter ni pain ni viande, rien que du chenapse. Depuis plusieurs mois on travaillait aux fortifications de cette ville; j'ai vu une quantité d'artillerie sur les remparts. Je trouvai de ce côté-ci de la ville un de nos capitaines qui arrêtait tous ceux de notre régiment, parce qu'on se battait du côté de Gotha. Après avoir rassemblé tous les gardes d'honneur égarés, il nous conduisit dans un village où étaient les quatre régiments. Notre compagnie qui était de 125 hommes au complet était réduite à moitié! Elle fut logée chez un manouvrier qui n'avait pas abandonné sa maison; nous nous établîmes dans son jardin; toutes les provisions du paysan furent pillées et usées en deux jours et une nuit que nous restâmes : le fourrage, le beurre, la farine, l'orge, le seigle, les poules, cochons, etc., furent consommés par notre compagnie. Nous fîmes ainsi plusieurs bons repas de viande, mais sans pain et quelquefois sans sel. Nous avions deux pots en terre et une poêle pour six.

La nuit me fut malheureuse. Nous avions étendu de la paille autour du feu pour nous coucher; j'avais mis mon porte-manteau à ma tête comme d'habitude; mais le lendemain au point du jour, voulant changer de chemise, je ne le trouvai plus; je fis du bruit, des recherches et je le retrouvai, il n'y restait que mes papiers de mathématiques et quelques petites choses. Dans notre compagnie quatre porte-manteaux furent pris cette même nuit; je pense que c'est quatre fantassins qui nous avaient demandé la veille à coucher dans le jardin. Dans la matinée je fus chercher de la farine qui restait à la maison, on en fit de la pâte, je la fis cuire dans la poêle, mais je ne pus en manger, c'était très indigeste. Il restait encore un petit cochon au paysan, nous le lui prîmes, nous le tuâmes, et je le plaçai sur mon cheval en guise de porte-manteau.

Nous partîmes un peu avant la nuit pour aller à Gotha. Vers les 10 heures on nous fit arrêter, l'Empereur s'était arrêté dans un village à une demi-lieue de la ville et s'y était endormi. Il nous fallut rester dans la plaine et y passer la nuit sur un peu de paille, sans feu.

Le 25 octobre, on se mit en route à la pointe du jour

pour passer à *Gotha;* les maisons étaient fermées; on ne vendait que de l'eau-de-vie. Ceux qui s'arrêtèrent dans la ville furent surpris par les ennemis quelques heures après notre départ; Petitot, de Giey-sur-Aujon, fut forcé d'abandonner son cheval pour se sauver à pied. A l'entrée de la nuit, nous voulions rester dans un village, mais nous entendîmes le canon et nous allâmes coucher à cinq lieues de là, à deux lieues d'Eisenach. Nous dormions en marchant; il fallait s'appeler de temps en temps pour s'éveiller; quelques-uns tombèrent de cheval; c'est ce qui arrive quand on marche la nuit. J'étais avec mon maréchal des logis, nous mangeâmes du cochon et je fis du pain que l'on mangea tel quel. Je trouvai cette nuit-là des poires sèches, des pois et des pommes de terre que j'emportai sur mon cheval; j'en eus pendant plusieurs jours.

Le lendemain nous sommes restés proche d'*Eisenach*. Je suis allé en ville où étaient nos maréchaux pour faire ferrer mon cheval qui était déferré et boitait malgré deux fers neufs; j'eus le bonheur de trouver un maréchal d'une autre compagnie qui put me servir. J'avais dedans ma selle un fer qu'on m'avait donné à Thionville, il me rendit bien service ce jour-là; je le donnai en paiement avec une petite somme : on payait alors jusqu'à 6 francs par pied et le soir on a payé jusqu'à 20 francs! Malgré que l'on eût ferré des milliers de chevaux on fut obligé d'en abandonner des quantités, même de prix, les rues étaient garnies de chevaux déferrés. L'Empereur était logé en ville; je ne pus y trouver du pain. Nous partîmes vers les trois heures; on nous fit arrêter et longtemps attendre parce qu'il fallait passer tous par la même route qui est creusée dans le roc et très rapide; elle était presque interceptée par la quantité de chevaux mourants et de voitures qui n'avaient pu la monter. Nous devions nous arrêter dans un village proche, mais on nous fit partir; on entendait le canon et la fusillade. Nous parvînmes vers les onze heures dans un autre village. Nous fîmes un peu de feu. Nos hommes démontés qui avaient cependant voulu nous suivre sont restés en arrière.

Le 27 octobre, au nombre de trois ou quatre, nous laissâmes la compagnie partir devant; nous connaissions la direction qu'elle prenait, mais pas le vrai chemin. Le sentier que nous suivîmes nous conduisit devant un château; l'un de nous y demanda de l'eau à boire; un Français vint et nous donna du pain et du chenaps; mais le pain, qu'il était bon! Nous avons rejoint la colonne d'armée vers les onze heures; nous passâmes une large rivière, quelques-uns y périrent. Vers les une ou deux heures, l'ennemi se montra à gauche sur une hauteur; nous prîmes le trot, la colonne fut coupée cependant, mais on repoussa l'ennemi; mon cheval me sauva dans cette affaire, nous passâmes à travers les arbres d'un bois très difficile; nous sommes restés trois sans nous quitter. Enfin vers les 4 heures, nous avons retrouvé le régiment qui arrivait à *Wacht* (Vacha), en même temps que l'Empereur y arrivait par un autre chemin. Nous allâmes bivaquer dans un village un peu plus loin; nos camarades démontés la veille arrivèrent pendant la nuit, ils nous racontèrent l'attaque de l'ennemi, ils s'étaient sauvés à travers les broussailles. C'est à cet endroit que Lécollier prêta son cheval à Petitot qui était très fatigué.

Le lendemain nous sommes partis à la pointe du jour; nous vîmes les restes d'un combat qui s'était livré quelques jours auparavant. Nous traversâmes *Vulda* qui était désert, toutes les maisons étaient fermées; on n'y vendait rien. L'Empereur était en avant de nous à quelques lieues; il marchait en tête de la colonne sur son petit cheval blanc, en redingote grise, vêtu très simplement, suivi de son état-major. Je le vis deux lieues plus loin, à côté de la route où il se chauffait avec plusieurs princes près d'un grand feu, environné de sentinelles qui nous le firent remarquer : il était seul d'un côté, tournant le dos au feu; il pelait une pomme de terre d'un air pensif. Nous continuâmes notre route en traversant de pauvres villages ruinés et nous arrivâmes le soir à *Slugteren* (Schlüchtern) ou Schmalkalden où j'avais été garde-sentinelle quelques mois avant. Cette ville était presque entièrement abandonnée de ses habitants; on marquait avec de la craie les maisons qui devaient loger l'Empereur et sa suite. Tous les jardins servirent de bivac; il faisait mauvais temps.

Le 29, plusieurs gardes et moi, nous sommes partis une heure après la compagnie; je perdis bientôt mes camarades, mais je suivis toujours. Vers midi, en passant dans la petite ville de *Weisterbach*, je fus appelé par Lécollier; il était démonté, malade et tenait un petit morceau de pain qu'il avait payé 3 francs. J'arrêtai mon cheval et le mis dans une écurie; nous nous assîmes à côté. Je fis manger à Lécollier des confitures et boire de l'eau-de-vie que j'avais eue au château l'avant-veille. Après deux heures de repos, je fis monter Lécollier sur mon cheval et nous suivîmes la colonne. Un peu plus loin, mon cheval tomba dans un marais, je le crus perdu, mais un dragon nous aida à le relever. Plus loin, il fallut passer dans l'eau une rivière dont l'ennemi venait de couper et de démolir à moitié le pont en pierre. Nous suivîmes ainsi jusqu'à *Gelhausen*, à 4 ou 5 lieues d'Hanau, sans nous perdre de vue. Il était nuit quand nous arrivâmes; mais je ne voulus pas coucher en ville dans la crainte d'être surpris, je préférai aller au bivac. Avec quatre gardes du 4e régiment, nous allâmes fourrager dans un village; nous y trouvâmes du fourrage, des pommes de terre, etc. Pendant la nuit mon sabre me fut volé; j'en trouvai un autre, mais bien plus lourd, que je donnai à un garde après avoir passé le Rhin.

Le lendemain, 30 octobre, Lécollier monta mon cheval et je suivis à pied; nous avions juré de ne pas nous quitter jusqu'à Mayence; deux heures plus tard, il me dit de monter à mon tour, et me donnant son porte-manteau qui l'embarrassait, il prit le devant à pied; depuis ce moment je perdis sa trace, mais je retrouvai mon régiment. Après être passés dans de mauvais chemins, nous entendîmes le canon; on se battait du côté de Hanau; c'était les Bavarois et les Saxons qui voulaient nous couper. On nous fit presser; nous arrivâmes dans une plaine; on se battait dans le bois; on nous y fit entrer; on tirait de toutes parts; nous allions au galop; les balles sifflaient, etc. Notre escadron arriva de l'autre côté comme notre 3ᵉ régiment venait de charger sur les hussards ennemis et que nos dragons étaient en déroute et revenaient au bois. Nous y entrâmes en désordre; on nous y rallia. Nous avions beaucoup d'artillerie; on la plaça au bord du bois, et nous derrière les batteries pour les garder. La canonnade s'engagea de nouveau; les boulets tombaient de tous côtés, devant et derrière nous. L'un d'eux emporta la jambe à mon maréchal de logis que je vis le lendemain sur une voiture aux approches de Mayence; un autre garde près de moi se crut tué, il n'eut que la peur, c'était un boulet qui venait de lui emporter l'épaule de son dolman. Nous changeâmes de position; nous eûmes toutefois encore deux de nos caissons qui prirent feu par les obus ennemis : beaucoup de gardes d'honneur reçurent de légères blessures et la terre était couverte de morts et de mourants. Mais l'artillerie ennemie se replia enfin sur Hanau où l'ennemi rentra à la nuit tombante. Nous, nous restâmes au milieu d'une plaine entre le bois et la ville; nous étions au milieu des débris et des restes de la lutte, la terre était couverte d'armes et de bagages, je pris un pistolet ennemi.

Je retrouvai là Marivet; nous passâmes la nuit ensemble, ignorant le sort de Lécollier qui était à pied. Marivet est allé chercher du fourrage; puis nous avons ramassé des tiges de blé de Turquie pour nous coucher; je me fis un berceau avec deux cuirasses. Hennequin m'avait donné en garde son porte-manteau, ces jours passés à la suite de la perte de son cheval; j'avais en outre le mien qui était vide depuis Erfurth ; je remplis celui-ci avec mes effets et je le confiai à Marivet pour me soulager.

Pendant cette nuit, l'ennemi qui avait quitté la ville y était rentré ; mais l'Empereur fit lancer des obus sur plusieurs points, nous les voyions dans l'air ; le feu s'alluma en deux endroits. Vers les 4 heures du matin, l'ennemi abandonna la ville, et on fit cesser l'artillerie. Alors, les Français entrèrent en ville et y furent tranquilles. Quant à nous, nous restâmes dans la même position jusqu'au jour, tandis que l'ennemi se retirait au midi de la ville.

Vers 10 heures du matin, le 31 octobre, on nous fit partir ; nous passâmes à côté de *Hanau* au travers du champ de bataille de la veille où beaucoup de Bavarois étaient restés. A une lieue de là, on s'arrêta proche un village d'*Offenbach* pour faire manger les chevaux. Le mien était malade ; j'allai au village où il se coucha dans une grange ; je lui donnai du foin, de l'orge et de l'avoine ; il mangea et je le fis boire ; enfin il se releva. Ma compagnie était partie pendant ce temps ; je suivis la route et je parvins à la nuit proche à une ferme à une demi-lieue de Francfort ; il faisait mauvais temps et on entendait le canon ; je vis un garde démonté qui était avec les fantassins en bivac, je restai avec lui, et nous passâmes la nuit assis auprès d'un feu.

Le lendemain, 1er novembre, je partis avant le jour et étant arrivé à *Francfort*, je fis avec d'autres camarades du feu pour attendre le lever du soleil ; pour cela, nous prîmes des palissades aux clôtures des beaux jardins de campagnes qui entourent la ville. Je trouvai du chenaps au moyen d'un échange avec du pain que je venais d'acheter près d'un fantassin. Pendant la nuit, on s'était battu à Francfort et on y avait mis le feu ; l'Empereur y était cependant couché. Les troupes n'entraient point en ville ; je suivis donc comme elles les promenades qui font le tour de la ville et pris la route de Mayence. Je ne retrouvai pas le régiment que j'avais perdu depuis deux jours, mais je rencontrai un grand nombre de gardes égarés comme moi. J'espérais bien entrer en France le soir même; aussi je fis souvent manger mon cheval en passant dans les villages. A 4 lieues de France, les villages commencèrent à être occupés par des troupes nouvelles qui venaient au-devant de nous pour protéger notre passage. Plusieurs régiments, des dragons et des lanciers, s'arrêtèrent pour ne pas entrer en trop grand nombre en France; comme on ne me dit rien, je continuai ma route et je parvins à entrer à *Cassel* qui forme la tête du pont de Mayence. Au moment d'arriver au pont, on me fit arrêter; là se trouvaient tous ceux de mon régiment qui m'avaient devancé. J'achetai du foin pour mon cheval; je parvins aussi à acheter du pain; je mangeai un peu de viande et de pommes de terre; je craignis une indigestion tellement mon estomac était ruiné. Il fallut encore bivaquer; mais je réussis à mettre mon cheval dans une cour et à entrer dans une auberge où je m'endormis sur le plancher, sous une table sur laquelle on buvait, la tête appuyée sur mon porte-manteau c'est-à-dire celui d'Hennequin

Le lendemain, 2 novembre, l'aubergiste ne voulut plus vendre, il était fatigué; il me dit qu'il y avait huit jours que le passage des troupes durait nuit et jour. Le pain était hors de prix, il se vendait à l'ouverture du four. Le soir, on nous mena dans un village où les gardes d'honneur venaient d'arriver; nous y fîmes séjour le lendemain.

Le 4 novembre on nous fit enfin rentrer en France; nous passâmes le Rhin sur le pont, traversâmes la ville de *Mayence*, et remontant le Rhin nous arrivâmes à l'entrée de la nuit dans un village, situé à 5 lieues de Mayence et où nous avons couché.

Enfin, le 6 novembre, nous sommes arrivés à *Schifferstad*, à une lieue de Spire, 18 de Mayence et de Strasbourg. Nous y restâmes jusqu'au 12 pour attendre les démontés et les traînards et pour nous refaire un peu ainsi que nos chevaux.

Notre compagnie était de 125 personnes au complet, nous

n'étions que 18 en arrivant à Schifferstad. Nos camarades arrivèrent peu à peu tous les jours, les uns à cheval, les autres à pied, d'autres, malades, en voiture. Marivet vint deux jours après moi, on lui avait volé mon porte-manteau que je lui avais donné à Hanau. Lécollier arriva le quatrième jour, ainsi que Groslevin; Groslevin nous avait perdus à quelques lieues de Leipsick, il fut fait deux fois prisonnier et fut dépouillé de tout, même de ses habits.

Nous étions tous épuisés de fatigue et de faiblesse; cela ne pouvait être autrement. Je dépensai beaucoup d'argent pour me rétablir, j'y réussis avec le temps tandis que les autres ont dû aller à l'hôpital. C'est que la plus grande partie de nous manquait d'argent, nous n'avions pas été payés depuis notre sortie de France, les premiers jours de septembre 1813. Moi, il m'en restait encore un peu dans ma ceinture, mais il s'écoulait promptement et avec grande utilité. Beaucoup de mes amis en avaient davantage que moi à Chaumont et ils en manquaient en ce moment; c'est alors que l'économie dont je m'étais servi à Metz et à Thionville me fit bien plaisir en me permettant d'acheter tout ce qu'il fallait, du bouillon, des aliments de choix, du café, du sucre, etc., suivant un régime indiqué par les médecins. L'air était pur, la saison tempérée, et les marchands nous fournissaient tout ce qu'on pouvait désirer, bon pain, bonne viande, etc.

Ma faiblesse fut extrême les premiers jours; j'avais une longue barbe n'ayant pu la faire depuis longtemps; j'avais perdu tout mon linge, mes habillements, jusqu'à mon sabre. Je pus enfin me procurer une chemise et en changer, en attendant d'aller à la ville pour acheter le plus essentiel et d'avoir reçu des fonds pour avoir le reste.

Quant à mon cheval, il était très fatigué, maigre et blessé, il suppurait sur le dos, il n'avait pas été dessellé depuis trente ou quarante jours; je le crus usé, mais avec des soins il se remit.

Le 12 novembre, nous quittâmes Schifferstad pour *Haslo* (Hassloch), je fis le trajet en voiture. Le 17, nous allâmes à *Igleheim*, le 20 à *Loplo*, le 26 à *Grimmeldingen*, le 30 à *Kingebac*. Enfin le 3 décembre, nous arrivâmes à *Neustadt* pour faire le service de sentinelles, de gardes, d'ordonnances ou porteurs d'ordres.

Les bords du Rhin forment des plaines de 4 à 5 lieues de large, sablonneuses et bordées de hautes montagnes couvertes de sapins. On y voit de beaux chevaux ; cependant les habitants du pays mettent les bœufs en limon, avec une selle sur le dos et un collier au cou ; ils ramassent dans les bois des feuilles pour faire litières dans les écuries. Il y a des vignes, mais tout le vin est blanc ; le vin rouge que l'on boit vient de France.

Tout ce pays payait de gros impôts, nourrissait les troupes, fournissait le fourrage, le vin, le grain, etc., pour l'approvisionnement des villes de guerre, les lits, le linge, etc., pour les hôpitaux établis dans les villages, etc. On y avait très peur que les ennemis ne passent le Rhin, du reste l'on craignait jusque dans le centre de la France les Cosaques (c'est le nom à la mode) ; cependant il n'y a pas à avoir peur des *fameux* Cosaques qui sont montés sur de petits chevaux, assis sur un sac de paille avec des cordes pour servir d'étriers, et ayant des sacs ou besaces pour mettre ce qu'ils attrapent, avec une lance à la main qui fait toute leur armure.

Le 5 décembre, nous allâmes passer une revue près de *Spire*, sous-préfecture du Mont-Tonnerre ; elle dura deux jours et fut passée par le général Nansouti et le comte de Raguse. Nous étions dix compagnies de notre régiment toutes venant à la grande armée. C'est le comte de Pange qui était notre colonel en chef ; il ne nous a point quittés ; c'est avec peine qu'il nous voyait manquant du nécessaire ; il restait sur le bord des rivières pour nous indiquer où il fallait passer ; il nous ralliait très souvent ; il faisait tout son possible pour nous procurer de bons villages. Au moment de passer cette double revue il nous a dit : « Nous allons étaler notre pauvreté au lieu de faire voir notre belle tenue. » Nous étions, en effet, les uns sans pelisse, d'autres sans dolman, d'autres sans sabre et sans porte-manteau comme moi, d'autres enfin en pantalon de toile blanche. Nous n'étions que 12 de ma compagnie ce jour-là, les autres étaient sentinelles, ou de garde, ou malades, etc.

A la revue, j'ai vu Dubreuil; mais comme il me parlait d'une lettre qu'il venait de recevoir, on a sonné à cheval et nous avons dû nous quitter. Marivet m'a dit qu'il avait vu par hasard Milliard qui venait de passer le Rhin au-dessous de Mayence, et qui était envoyé au dépôt à Hombourg à 15 lieues d'ici; il paraît qu'il n'a pas écrit une seule fois. J'ai vu aussi Lécollier que je n'avais pas aperçu depuis trois semaines parce que sa compagnie était loin de nous, elle était rapprochée à un quart de lieue.

En rentrant en ville après la revue, on nous distribua du pain et de la viande.

Le 10 décembre, le comte de Pange, notre colonel, partit pour la France, on dit à Metz. Nous nous demandâmes si c'était pour préparer nos dépôts, mais nous n'osâmes l'espérer.

J'appris alors des autres gardes que l'on avait fait des demandes d'argent à leurs parents; on n'a pas payé partout, paraît-il. M. Simonnin, de Montiérender, m'a dit que son père n'avait pas encore payé les 1.600 francs pour son habillement, qu'il avait toujours refusé de le faire, que d'après les dernières nouvelles on voulait le forcer à payer 600 francs à quoi il avait été réduit, Simonnin était allé à Dresde, il était brigadier à cette époque et est devenu maréchal des logis.

Il y avait alors au bureau des lettres, deux lettres que l'on crut pour moi et qui étaient pour un M. Girard, des environs de Joinville, garde d'honneur resté à Francfort au dépôt. Voici comment on recevait les lettres. Un garde d'honneur sous le nom de vaguemestre (facteur) est chargé de la réception de toutes les lettres du régiment ; il en fait par compagnie des listes que l'on voit chez lui ; ainsi les lettres parviennent sans faire attention au village où elles sont adressées.

Nous n'étions toujours point payés ; on nous devait depuis le 5 septembre, deux jours avant notre passage du Rhin pour sortir de France. En arrivant en France, l'habitant a dû nous nourrir, mais à partir du 11 décembre il n'y fut plus obligé, on nous donna du pain de munition et de la viande, ce qui augmenta notre dépense ; on nous dit que l'on nous donnerait chacun 15 francs, mais nous y avons cru comme au payement de notre arrière-paye.

On nous demanda de nouveau vers cette époque les effets qui nous manquaient ; on ne se pressa pas davantage de nous remplacer les habits perdus. On nous dit qu'on voulait nous donner un surtout en supplément ; je ne sus que penser de tout cela. Le bruit courut enfin que, si on levait de nouveaux gardes d'honneur pour compléter nos compagnies, nous resterions, et que, si on n'en levait point, on donnerait de petites places aux petits sujets dans l'infanterie et aux autres, suivant les protections, des places dans la garde impériale, ainsi nos régiments pourraient bien s'annuler. Ce qui était le plus vrai, c'était que les gardes sans chevaux étaient partis à Hombourg et qu'ils obtenaient facilement des permissions pour leur pays comme ceux qui étaient à l'hôpital.

Pendant plusieurs jours en approchant de France, moi aussi j'avais cru que j'aurais la permission d'aller voir mes parents, les embrasser. Mais bientôt après, voyant le besoin de la France, les gardes nationales, le lieu où on nous faisait rester, j'ai vu qu'il fallait remettre cela après une nouvelle campagne : il faut défendre son pays et suivre le sort du temps présent !

Des maladies, paraît-il, se sont manifestées sur les bords du Rhin; on a même brûlé deux hôpitaux à Mayence et un à *Vormse* (Worms); mais la gelée est venue à temps pour purger l'air et le nombre des malades diminua; les habitants s'en portent mieux, cela ne s'est manifesté pour eux que dans les endroits de passage des troupes.

Les bruits de suppression ou de diminution des gardes d'honneur semblèrent bientôt se réaliser. On fit d'abord partir tous les Hollandais, on dit qu'on les regardait comme otages. Puis on désigna la plus grande partie des Italiens et quelques Français; je fus de ceux-ci. C'est le 18 décembre que j'appris que j'étais désigné par le général Lagrange pour entrer dans les dragons de la garde impériale, et Dubreuil pour les éclaireurs. Lécollier ne le fut pas; Marivet resta aussi, il avait demandé à changer pour avoir de l'avancement ailleurs, mais on lui promit une place de brigadier.

Le 19 décembre, le général nous passa en revue; on prit nos bons chevaux, nos bons habits et nos manteaux. Je conservai mon cheval; pour mon manteau de drap fin, comme je me doutais de la chose, je l'avais laissé à Marivet et avais pris le sien, nous devions nous rendre nos manteaux après la revue; mais nous partîmes sans rentrer pour Metz au nombre de 150 avec plus de 200 chevaux blessés, pour le dépôt; on disait que nous repartirions de suite pour Paris pour entrer dans les quatre différents corps de cavalerie auxquels on nous avait destinés.

Nous allâmes coucher à *Landau*, puis successivement, le 20 décembre à *Wissembourg*, le 21 à *Wœrth*, le 22 à *Bitche* où il y a une citadelle très élevée et très forte, le 23 à *Sarreguemines* où se trouve une belle faïencerie, le 24 à *Saint-Avon* (Saint-Avold), le 25 à *Courcelles*.

Le 26 décembre nous arrivâmes à *Metz* et nous allâmes coucher dans les villages voisins. Je retrouvai là tous mes camarades qui avaient été démontés, ils étaient arrivés à

Metz avant nous; on choisit parmi eux les militaires qui devaient venir avec nous à Paris.

Je suis resté dans les villages de *Plesnoy*, *Fèvre* et *Norroy* jusqu'au 2 janvier 1814 où nous sommes allés à *Magny*, sur la route de Nancy. Les habitants attendaient l'ennemi qui était à Colmar et marchait sur Nancy. On m'y remit ma paye à partir du jour où j'étais sorti de Neustadt et on nous dit que nous ne passerions pas dans la garde impériale.

Le 8 janvier, nous sommes revenus à *Metz* et tout le dépôt de notre régiment prit la route de Paris. Beaucoup de nous n'avaient pas de selle; d'autres conduisaient deux chevaux. Il faisait très froid. La ville se préparait au siège; on s'approvisionnait; on montait les canons sur les remparts; on construisait plusieurs ponts-levis; les habitants des environs conduisaient en ville leurs meubles et effets précieux. Nous sommes allés coucher dans un village dépendant de *Mars-la-Tour* à 6 lieues de Metz.

Le lendemain, nous sommes partis du côté de *Verdun*, ensuite à *Clermont-en-Argonne* et de là à *Sainte-Menehoulde*. J'avais une chabraque sur mes épaules pour me servir de manteau.

Le 12 janvier, nous passâmes dans un village où est la belle église de *Notre-Dame-de-l'Epine*. Nous sommes partis pour *Châlons* à 7 lieues, et notre compagnie est allée jusqu'à *Juvigny* et *Vraux*, à 2 lieues de Châlons; nous y sommes arrivés très tard et le paysan a été obligé de nous nourrir. Quelques jours après, nous avons vu des gardes d'honneur du 1er régiment qui étaient blessés; ils nous ont dit que l'ennemi avait passé le Rhin le 1er janvier, à 6 lieues au-dessus de Mayence et que le 2e régiment avait beaucoup souffert.

Nous sommes partis de ces villages le 19 janvier pour suivre la route de Paris et nous sommes allés coucher dans la ville d'*Ay* près d'Epernay, à 7 lieues de Châlons.

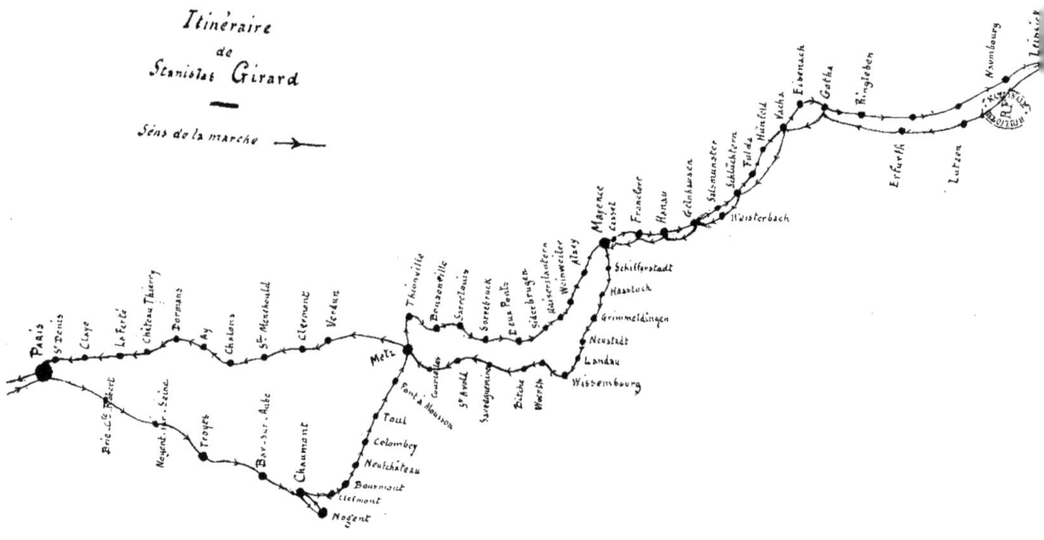

Itinéraire de Stanislas Girard

Sens de la marche →

Paris
St Denis
Claye
La Ferté
Château Thierry
Dormans
Ay
Chalons
Ste Menehould
Clermont
Verdun
Thionville
Bouzonville
Sarrelouis
Sarrebruck
Deux Ponts
Siderbrugen
Kaiserslautern
Weinweiler
Alzey
Mayence
Cassel
Francfort
Hanau
Gelnhausen
Salmunster
Schlüchtern
Wasterbach
Fulda
Hünfeld
Vacha
Eisenach
Gotha
Ringleben
Naumbourg
Leipzig
Erfurth
Lutzen
Schifferstadt
Hassloch
Grimmeldingen
Neustadt
Landau
Wissembourg
Wœrth
Bitche
Sarreguemines
St Avold
Courcelles
Pont à Mousson
Metz
Toul
Colombey
Neufchâteau
Bourmont
Clefmont
Nogent
Chaumont
Bar-sur-Aube
Troyes
Nogent-sur-Seine
Brie Cte Robert

De là, nous sommes allés à *Dormans*, à 5 lieues, où nous rencontrâmes beaucoup de farine et de fourrage que l'on conduisait à Châlons, parce qu'on y formait un corps d'armée. J'appris là que la ville de Langres était au pouvoir de l'ennemi ainsi que Nancy, et que Metz et Thionville étaient assiégées.

Le 21, nous sommes allés à *Château-Thierry*, à 5 lieues de là. Nous avons rencontré un corps d'armée de 15.000 hommes très bien habillés et de toutes armes. Les gardes d'honneur du 1er régiment, habillés en éclaireurs et en cosaques, se moquaient de notre mauvaise tenue; ils avaient de beaux chevaux.

Le 22, nous sommes allés à *Laferté-sous-Jouarre*, à 5 lieues; le lendemain à *Meaux*, à 5 lieues; de là à *Claye*, Seine-et-Oise, à 4 lieues, mais on nous fit aller coucher à *Mitry*.

Enfin, nous allâmes à *Saint-Denis*, à 7 lieues de Claye, et nous couchâmes à *La Villette*, près Paris, où nous arrivâmes à 5 h. 1/2 du soir. Je suis parti pour Paris dès 6 heures par le faubourg Saint-Martin et j'allai voir mon oncle Simonnot et M. Péchinet, de Nogent, qui m'ont dit que le département de la Haute-Marne était occupé par l'ennemi; je revins très tard à mon logement.

Le lendemain, 25 janvier, nous avons suivi les boulevards neufs, traversé le bois de Boulogne, passé à *Saint-Cloud* et enfin nous sommes allés coucher à *Sèvres*. A l'entrée de la nuit, je pris une voiture pour Paris et je suis allé voir mon frère Bienvenu, étudiant en médecine; je couchai chez lui.

Le lendemain dès le matin, je revins à Sèvres; on nous dirigea sur Rambouillet; nous passâmes par *Versailles* et nous nous arrêtâmes à *Saint-Cyr* où nos chevaux furent logés dans les écuries de la vénerie de l'Empereur.

Le 27 janvier, nous arrivâmes à *Rambouillet;* l'Empereur y a un palais et un grand parc séparé en plusieurs parties, chacune pour une différente espèce de gibier.

Nous sommes restés en ville jusqu'au 3 février où nous sommes entrés en caserne. Pendant ce temps, j'ai vu passer beaucoup d'artillerie qui venait d'Espagne et se dirigeait sur Paris, ainsi que plusieurs régiments d'infanterie. Mon frère Bienvenu vint me voir et me dit qu'on se battait aux environs de Troyes, que les malades arrivaient à Paris en bateau et en voiture, et que les hôpitaux étaient pleins.

Le 10 février, je dus entrer à l'infirmerie et j'y suis resté douze jours, jusqu'au 22.

On parlait tous les jours de former un escadron pour la grande armée; on y travailla pendant longtemps pour choisir les chevaux et les hommes. On ne parlait que des ennemis et des avantages que nous obtenions de temps à autre. Les prisonniers arrivaient tous les jours et nous les menions jusqu'à Chartres; il y en avait quelques-uns qui parlaient français, ils nous dirent que les villes et campagnes où ils avaient passé étaient ravagées et pillées.

Il faisait très froid sans beaucoup de neige; notre armée qui était composée en grande partie de conscrits et de gardes nationales souffrait beaucoup. Les blessés et les cavaliers démontés nous racontaient les peines qu'ils avaient endurées par le froid et nous affirmaient que l'ennemi était en forces.

Le service devenait très dur; il fallait se lever dès le matin, aller à l'appel, panser les chevaux au grand air pendant une heure et demie, les étriller, bouchonner, épousseter, brosser, peigner, etc., quelquefois les éponger; faire boire par escouade, donner l'avoine, ensuite la paille. N'ayant point de feu dans nos chambres, nous étions forcés par le froid de rester à l'écurie. A 10 heures, on mangeait la soupe; ceux qui ne se trouvaient pas là s'en passaient : c'est ce qu'on appelle *se brosser le ventre.* A 11 heures, on faisait l'appel pour aller au fourrage, nous y allions en rang et au pas; le magasin était très loin, nous attendions longtemps devant; on nous servait par escouade, chaque garde portait quatre bottes; il fallait y retourner pour la paille. Ensuite se faisait l'appel à 2 heures et le pansement des chevaux. Vers 4 heures nous allions au pain et nous revenions souper. A 7 heures du soir on faisait l'appel dans les chambres et il fallait être tous couchés si on n'avait pas envie d'aller le lendemain à la salle de police; chaque manque à l'appel était puni suivant la partialité des chefs; les corvées que l'on faisait étaient strictes.

Les gardes d'écurie se montent à tour de rôle et commencent à midi. A cette heure on donne le foin; il faut toujours balayer, relever la litière, empêcher les chevaux de se battre, préparer l'eau pour les faire boire, aller chercher l'avoine. Puis on vous apporte la ratatouille pour souper à l'écurie. A l'entrée de la nuit il faut faire la litière, donner le foin, ensuite la paille. On couche près des chevaux, et dès le matin on relève la bonne litière, on enlève le fumier et on le porte au loin; l'écurie est ensuite balayée pour le moment de l'appel, sans quoi on doublerait le temps de garde d'écurie.

Un autre jour, c'était les gardes de police qu'il fallait monter; elles nous étaient plus pénibles parce que nous souffrions trop du froid pendant les factions, car il fallait dormir sur les planches au corps de garde tandis qu'à l'écurie nous avions de la paille.

D'autre part, il fallait aussi être de garde de cuisine à son tour. On va chercher la viande la veille. Dès le matin le lendemain on fait le feu, on met le pot, on l'écume; on va chercher les légumes, on les nettoye, on les lave et on les met dans le pot; on trempe la soupe quand le tout est cuit; on conserve les parts pour ceux qui sont de garde. Après le repas, il faut nettoyer la marmite et les gamelles et le reste. Le repas du soir arrive à son heure et il faut recommencer. Tout cela n'est pas bien facile à faire pour des hommes ; mais comme il faisait froid, on faisait cet ouvrage pour se chauffer.

Ces derniers embarras n'ont pas duré longtemps ; on nous a logés en ville parce qu'on a eu besoin de nos lits pour les blessés qui arrivaient de Paris.

Pendant tout ce temps, il se passait de grandes affaires dans la Champagne ; on s'y battait tous les jours ; on repoussait l'ennemi souvent. Là où Napoléon était en personne tout allait bien ; mais comme il avait des scélérats de généraux qui le trahissaient et qui faisaient massacrer inutilement de braves soldats, il avait beaucoup de peines. Enfin, les barbares avançaient toujours un peu et ils parvinrent dans la plaine de Saint-Denis ; on les y arrêta pendant quarante-huit heures, ils perdirent beaucoup de monde. Nos braves soldats français étaient mal servis : on a conduit plusieurs caissons de huit auprès des pièces de douze. Beaucoup d'autres trahisons se déclarèrent. Je saurai cela par la suite.

L'Impératrice est enfin arrivée à Rambouillet ; elle était précédée de la reine de Westphalie et suivie de toute la cour, ainsi que des trésors qui s'élevaient à 42 millions, et des bijoux, et le reste.

On a fini par compléter un escadron ; on nous a dépouillés, on m'a pris ma pelisse et mon schako. A ce sujet j'ai écrit après le mur :

C'est pour prix d'un an de service
Que ces gredins ont pris ma pelisse.

Le lendemain, cet escadron est parti, je crois pour la Grande armée. Les canons que nous entendions de Paris semblaient les appeler.

J'ai vu l'Impératrice ainsi que le petit Roi de Rome qui allaient à Tours ; ils étaient bien escortés par des détachements de grenadiers, de dragons et de lanciers de la

Garde impériale; il y avait aussi des Mameloucks. Plus de cent voitures superbes les suivaient; il y avait entre autres celle qui avait servi au couronnement, une autre au mariage et une autre au baptême du petit Roi de Rome. Elles étaient magnifiques; les Arts s'étaient surpassés pour les embellir de leurs chefs-d'œuvre; tout y était ciselé et doré; toutes les bonnes villes de l'Empire y avaient leurs emblèmes; le luxe y était étalé au plus haut degré; dans les plus petits détails et dans les coins les plus cachés à la vue se comptaient les merveilles. Il y avait aussi beaucoup de caissons qui contenaient le trésor et les bijoux de la couronne, comme je l'ai dit.

On nous a distribué ce jour-là des selles et des brides, du linge aussi, et on nous dit de nous tenir prêts à partir le lendemain. De nombreux régiments arrivaient, d'autres partaient; la cavalerie de plusieurs armes galopait et se croisait dans les rues; les canons, les caissons battaient en retraite; on voyait partout des soldats de toutes armes; les maisons étaient remplies, on ne pouvait plus avoir de logements, on bivaquait dans les rues, dans les cours et dans les jardins; c'étaient un tumulte, une bagarre qui désolait les habitants.

Le 30 mars nous avons donc quitté Rambouillet, nous partions pour *Maintenon*. Nous entendions la canonnade sans discontinuer; les habitants étaient dans la plus grande inquiétude, tout prêts à abandonner leurs maisons; ils nous donnaient ce qu'ils avaient de vivres; les femmes et les filles pleuraient, elles voyaient le moment approcher où elles ne seraient plus les maîtresses chez elles; les habitants des environs de Paris qui venaient d'abandonner leurs maisons et se sauvaient augmentaient encore leurs craintes.

A notre arrivée à Maintenon les blessés, les habitants et beaucoup de troupes battaient en retraite. Nos chefs nous dirent de nous tenir prêts à partir au premier coup de trompette. Je suis cependant allé voir le grand aqueduc fait par Louis XIV qui devait conduire l'eau de la rivière de l'Eure à Versailles. Cet ouvrage est considérable ; c'est comme un pont de 50 arcades qui peuvent avoir 60 pieds de haut et qui traverse un vallon. Dans les plaines environnantes, on voit aussi de grandes et hautes digues qui devaient servir au même usage. Françoise d'Aubigné, dame de la cour de Louis XIV, possédait le château de Maintenon et avait pris le nom de marquise de Maintenon.

Le lendemain seulement, nous partîmes pour *Chartres;* mais nous sommes allés coucher dans les campagnes, la ville était remplie de monde. La plus grande partie des troupes se dirigeait sur Orléans, et nous nous allions à Tours.

Le 1er avril, nous nous rendîmes à *Bonneval;* le 2 à *Châteaudun* où nous devions séjourner, mais pendant la nuit nous eûmes contre-ordre, et le 3 nous allâmes coucher à *Clois* (Cloyes), le 4 à *Vendôme* où passe le Loir, le 5 à *Château-Regnaut* où je reçus un coup de pied de cheval à la jambe droite qui me fit bien souffrir.

Le 6, nous arrivâmes à *Tours* où passe la Loire. On y voit un pont superbe ; la ville est située dans un vallon entre le Cher et la Loire ; il y a une rue qui passe sur ce beau pont, traverse la ville, passe sur le Cher et forme un beau coup d'œil.

Le 7, nous sommes allés à *Alzay* et le 8 à *Chinon;* je fus là assez bien logé. Paris était occupé par l'ennemi depuis plusieurs jours ; si les habitants avaient soutenu plus longtemps, l'Empereur serait venu prendre les ennemis par derrière ; mais il n'en eut pas le temps, on se battait dans les environs, on ne put les faire sortir de la ville.

Le lendemain 9, les bourgeois nous ont dit que l'Empereur ne serait pas maintenu et que les ennemis appelaient à la couronne un Bourbon de la famille de Louis XVI. Quelques bourgeois voulaient déjà porter une cocarde blanche, mais plusieurs d'entre nous les leur ont arrachées et foulées aux pieds.

Le 10, jour de Pâques, notre général, le baron Valin, reçut des ordonnances de Tours ; il nous fit assembler ; il ne savait rien de positif, mais il nous recommanda d'être prudents et d'attendre quelques jours pour savoir ce qui serait décidé à Paris, enfin de rester fidèles à la Patrie et de ne pas abandonner nos drapeaux. Plusieurs ne l'ont point écouté et sont partis ; il y eut même un Italien qui prit mon cheval et déserta avec lui pendant la nuit, heureusement pour moi nos chefs l'ont ignoré.

Deux jours après, on reçut des nouvelles officielles qui nous apprenaient la déchéance de Napoléon du trône de France et son remplacement par un gouvernement provisoire. Alexandre, Empereur de Russie, mit en liberté les soldats, et aussitôt chacun chercha à se rapprocher de ses foyers ; les soldats de toutes armes et de tous grades désertaient, ils trouvaient partout le logement et la nourriture de même que nous ; nos chefs nous engageaient à rester, et ne punissaient plus.

Je formai alors le projet de retourner chez mon père, mais je voulus recevoir des nouvelles avant de quitter l'état militaire. Quelques militaires me dirent qu'il n'était plus rien resté en Champagne. Quand je pensais aux cruautés et aux excès que ces barbares avaient pu commettre, j'étais bien en souci, j'étais dans les plus grandes inquiétudes sur le sort de mon pays, il pouvait être réduit en cendres ; je me figurais tous les biens périssables anéantis. J'écrivis donc à mon père ; rien ne put m'éclairer.

Le 16, nous sortîmes de Chinon qui est à 70 lieues de Paris et 25 de La Rochelle. Je partis avec les équipages. Nous sommes allés à *Alzay*, puis à *Tours*, à *Château-Regnault*, à *Vendôme* où j'ai vu dans la plaine 200 pièces de canon avec leurs caissons ; ensuite à *Clois* (Cloyes) et enfin, le 21 avril, à *Châteaudun* où nous avons cantonné dans la campagne. Je fus logé à *La Varenne;* ma jambe avait été bien fatiguée et me faisait bien souffrir; je ne faisais aucun exercice; il n'y avait plus d'ordre, personne n'obéissait aux chefs.

Notre général est parti pour Paris; il commandait notre escadron qui nous avait quittés à Rambouillet et qui était à Paris au moment où Louis XVIII y est entré. Le même escadron avait accompagné l'Impératrice à Blois, à Orléans et à Rambouillet; mais elle l'a remercié lorsqu'elle a été déchue du Trône.

Le général revint et nous dit que nous aurions facilement nos congés. Je reçus alors des nouvelles indirectes de mes parents, j'ai su ainsi qu'ils existaient encore. Quelques jours après, on a vérifié nos noms, nos départements, et nous avons commencé à être tranquilles et attendre tout du temps.

J'allais voir le chirurgien tous les deux jours et j'achetais ce qu'il me commandait. Je lisais la plupart du temps; je me sentais heureux de pouvoir me procurer des livres et je pensais constamment au plaisir que j'aurais quand on m'accorderait mon congé. Quel bonheur de me retrouver dans mon pays, tranquille et en liberté, et d'être délivré de nos chefs et surtout des trompettes qui souvent vous appellent quand on ne les attend pas. Je ne serais donc plus militaire!

Enfin l'heureux jour arriva où l'on nous demanda si nous voulions servir sous Louis XVIII; il nous offrait une sous-lieutenance! Je fis ma déclaration pour la négative sans balancer.

Le 13 au matin, nous sommes partis pour Rambouillet où nous sommes arrivés le 15 en passant à *Bonneval* et à *Chartres.* Je vis dans cette dernière ville sa superbe cathédrale; elle a deux flèches tout en pierres et inégales; il se tenait alors à Chartres une foire qui dure une huitaine.

En arrivant à *Rambouillet*, nous avons trouvé l'escadron

qui nous avait quittés et qui revenait de Versailles; tous les hommes avaient été décorés de la fleur de lys d'argent. Je fus logé à la Louvière qui est un faubourg; j'avais beaucoup de peine de marcher.

Quelques jours après, on nous assembla par département. Les Italiens reçurent d'abord leurs congés et ceux qui s'étaient bien comportés eurent des chevaux.

Le 25 mai, ce fut notre tour; je demandai mon cheval, celui qui m'avait conduit à Leipsick, il était superbe, mais on m'en donna un autre. Nous eûmes l'ordre de nous trouver le lendemain matin à l'appel.

Le 26, à l'appel, on nous donna notre masse seulement depuis le 1er janvier 1814; les mois de campagne et la masse de 1813 sont restés à la garde de Dieu; mais je les en tiens quittes et suis quand même content.

Le 27 mai, nous sommes venus à *Versailles*, et le commissaire des guerres nous a donné nos congés avec le droit de porter la fleur de lys d'argent. Le voilà donc enfin ce congé qui valait mieux que tous les trésors!

Je me trouvais alors avec Dubreuil, de mon pays; nous sommes allés boire gaiement la bière. La ville était remplie de ces barbares qui ne trouvaient pas leurs ventres assez grands pour engloutir tout ce qu'ils désiraient. Ce même jour, un brave grenadier en rencontre un qui avait de la verdure à son schako, il la lui arrache, se dispute avec lui et lui passe son sabre dans le ventre; mais beaucoup d'autres se laissaient enlever ces faux trophées sans rien dire. Tous les jours il y avait de nouvelles querelles à ce sujet. Huit jours auparavant, il y eut à Paris 700 officiers ennemis tués par les officiers français; et le gouverneur de la ville fit d'abord éloigner tous les Français; alors les soldats des armées alliées arborèrent ces lauriers honteux, libres qu'ils étaient par suite de cette trahison des autorités. Il y eut même un ordre du jour qui engageait les Français à tolérer cette verdure sur la tête des ennemis, non point comme des lauriers, mais comme une habitude ancienne de leur pays, leur servant de ralliement.

Le 28 mai, nous sommes allés à *Paris* où j'allai voir mes parents et mes connaissances. Je vis la statue équestre de Henri IV, sur le Pont-Neuf et en bas-relief sur la porte d'entrée de l'Hôtel-de-Ville. Les emblèmes du gouvernement précédent subsistaient toujours aux nouveaux ponts, au Louvre et aux Tuileries.

Nous sommes allés coucher à *Brie-Comte-Robert.* Les habitants n'avaient pas encore vu passer de militaires français; ils étaient satisfaits de nous voir, croyant apercevoir l'aurore de la Paix.

. . . .

Avec cette ligne se termine le Journal de Marche *de Stanislas Girard; il arriva chez son père, à Nogent, le 1er juin. A son journal et à ses lettres se trouve jointe la pièce de vers suivante qui, écrite de sa main, paraît, d'après l'écriture, dater de l'époque où il écrivait les dernières lignes de son journal. Je n'ai relevé aucune indication donnant le nom de l'auteur de cette pièce de vers; ce n'est pas une grande perte pour l'histoire littéraire.*

Epitre apologétique sur Napoléon-le-Grand.

Du trône éclatant où le mit la Victoire
Napoléon descend en conservant sa gloire.
Respectons, ô Français, un grand homme, un héros,
Qui sut se signaler par d'illustres travaux!
Rappelons-nous toujours qu'il sauva la Patrie
Dans les temps orageux où régnait l'anarchie!

Détestons les ingrats comblés de ses bienfaits
Qui, voyant son malheur, l'accablent de leurs traits!
Vous appelez sur lui la haine et la vengeance!
Vous, ministres d'un Dieu qui prescrit la clémence,
Lorsque, de vos Prélats respectant les vertus,
Sa main rétablissait les temples abattus,
Ramenait parmi nous la paix et l'abondance
Et guérissait les maux de notre belle France,
Etait-il un tyran? Allez, vils imposteurs,
Débiter loin de nous vos oracles trompeurs...
Et toi, Chateaubriand, dont le fécond génie
Peignit en traits de feu Chactas et son amie,
Du Créateur des cieux les miracles divers
Et les chastes amours des enfants du désert,
Lorsque Napoléon, l'amant de la Victoire,
Revenait triomphant sur le char de la Gloire,
Tu le nommais l'appui, le sauveur de l'Etat...
Aujourd'hui renversé, c'est un vil scélérat!
Un monstre furieux, souillé par mille crimes,
Dont on ne peut compter les nombreuses victimes
Un moment a donc fait d'un écrivain fameux
Un délateur vénal, auteur d'écrits honteux...
Vous qui, par l'Empereur tirés de vos chaumières,
Occupez de l'Etat les dignités premières,
Vous l'avez avili, proscrit, abandonné...
Quel spectacle, Grand Dieu! vous nous avez donné!
Vous de qui la noirceur aujourd'hui se découvre,
Sénateurs!... à ce mot notre blessure s'ouvre.
Hé, quels sont ses forfaits? D'avoir par ses exploits
Jusque dans leurs palais fait trembler plusieurs rois.
Il était généreux, lorsque le sort des armes
A travers les dangers, au milieu des alarmes,
Le conduisit trois fois dans les champs des Germains;
François tient ses états de ses clémentes mains;
Vainqueur trop magnanime, il épargna le Russe,
A Frédéric rendit le trône de la Prusse.
Politique profond, héros reconnaissant,
Il sut créer des rois pour être plus puissant;

Ses fidèles sujets au prix de la Victoire,
Il sut récompenser. Les fastes de l'histoire
Sans doute publieront parmi les traits nombreux
Qui doivent l'illustrer malgré tous ses envieux,
Que, s'étant élancé au fond de l'onde amère,
Il ravit à la mort et ramena à terre
Deux de ses matelots inexpérimentés.
Hélas! de si beaux traits, tant d'autres non cités
Animent la fureur de la hideuse Envie.
Victime d'elle, il fut, sans voir sa perfidie,
Par ses plus chers sujets aux ennemis vendu
Une fois malheureux ; de ses alliés déçu,
Contre eux tout seul en but, toujours vainqueur en vain,
Ses capitaines vils trahissaient son destin.
Mais avec gloire il fit une chute certaine
Qui doit pour chaque traître inspirer de la haine.
Du grand Napoléon le nom toujours aimé
Ira de bouche en bouche à la postérité.
De ses traits les plus noirs en vain l'affreuse Envie
Voudrait ternir l'éclat d'une si belle vie.
Nous lui présenterons pour étouffer sa voix
Le recueil précieux de ses divines lois,
Qui de l'Etat tremblant fixant la destinée
Servit longtemps de guide à l'Europe étonnée,
Ses travaux, ses vertus et ses nobles exploits
Qui sur les cœurs français conserveront leurs droits.
Nous lui dirons encor ses paroles touchantes
D'une âme magnanime impulsions brillantes ;
Les regards attendris, dans ses derniers adieux,
Il disait aux soldats rassemblés sous ses yeux :
« Vos maux, ceux de la France, ont attristé mon âme,
« D'eux, la première cause est une odieuse trame,
« Son bonheur, sa gloire étaient mon ambition,
« J'aimais me sacrifier pour cette nation.
« En voyant mes efforts pour la rendre immortelle
« Etre vains, en voyant des ennemis chez elle,
« Amis, j'ai été près de terminer mon sort.
« Vous savez tous combien je méprise la mort ;

« Mais pour vous mon trépas sans pouvoir être utile
« Aurait pu allumer la discorde civile,
« Des différents partis exciter la fureur,
« Faire de vos cités des théâtres d'horreur ;
« Pour éviter ces maux, je vis, j'abandonne
« Ma famille, la France, et ma double couronne.
« Adieu, mes chers amis, intrépides guerriers ;
« J'ajoute l'olivier à vos nombreux lauriers ;
« Continuez d'honorer l'aigle par vous chérie,
« En servant votre Roi, en servant la Patrie. »
O grand homme ! ces mots ont fait couler nos pleurs ;
Tu as perdu ton trône en conservant nos cœurs.

TABLE DES NOMS

(LES NOMS DE PERSONNES SONT EN ITALIQUES)

Paris. — Imp. PAUL DUPONT (Cl.). 161.3.20

www.ingramcontent.com/pod-product-compliance
Ingram Content Group UK Ltd.
Pitfield, Milton Keynes, MK11 3LW, UK
UKHW022120260726
13993UKWH00003B/1135

9 782329 023182